ESTE **LIVRO** **PERTENCE** *a*

BRUNA KARLA

devocional *vai* ACONTECER

30 dias buscando o Novo de Deus

quatro ventos

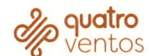

Todos os direitos deste livro são reservados pela Editora Quatro Ventos.

Editora Quatro Ventos
Avenida Pirajussara, 5171
(11) 99232-4832

Proibida a reprodução por quaisquer meios, salvo em breves citações, com indicação da fonte.

Diretor executivo: André Cerqueira
Editora-chefe: Sarah Lucchini
Gestora de Projetos: Priscilla Domingues

Supervisão Editorial:
Mara Eduarda Garro
Marcella Passos
Natália Ramos Martim

Todas as citações bíblicas e de terceiros foram adaptadas segundo o Acordo Ortográfico da Língua Portuguesa, assinado em 1990, em vigor desde janeiro de 2009.

Equipe Editorial:
Ana Paula Gomes Cardim
Anna Padilha
Brenda Vieira
Giovana Mattoso
Hanna Pedroza
Lucas Benedito
Paula de Luna
Rafaela Beatriz Santos

Todo o conteúdo aqui publicado é de inteira responsabilidade da autora.

Revisão: Eliane Viza B. Barreto

Equipe de Projetos:
Acsa Gomes
Ana Paula Dias Matias
Débora Bezerra
Isabelle Ferreira
Nathalia Bastos

Todas as citações bíblicas foram extraídas da Nova Almeida Atualizada, salvo indicação em contrário.

Coordenação do projeto gráfico: Ariela Lira
Diagramação: Suzy Mendes
Capa: Vinícius Lira

Citações extraídas do site https://www.bibliaonline.com.br/naa. Acesso em janeiro de 2022.

1ª Edição: maio de 2022

Catalogação na publicação
Elaborada por Bibliotecária Janaina Ramos – CRB-8/9166

B894 Bruna Karla

Devocional vai acontecer: 30 dias buscando o novo de Deus / Bruna Karla – São Paulo: Quatro Ventos, 2022.

156 p.; 16 X 21 cm

ISBN 978-65-89806-36-3

1. Cristianismo. 2. Devocional. 3. Oração. 4. Adoração. 5. Chamado. I. Bruna Karla. II. Título.

CDD 233.7
CDU 2-9

Índice para catálogo sistemático
I. Cristianismo

SUMÁRIO

Apresentação do devocional	11
Como navegar por este devocional	13

Oração

01	Por que orar?	17
02	Como gerar realidades em espírito?	21
03	O poder da intercessão	25
04	Intercedendo com autoridade	29
05	Jesus intercede por nós	33
06	Orando em secreto	37
07	A importância da oração em línguas	41
08	O relacionamento com o Espírito Santo	45
09	A importância de unir o jejum à oração	49
10	Lutando com armas espirituais	53
Conselhos da Bruna		57

Adoração

11	Adoração exclusiva	61
12	Em espírito e em verdade	65
13	Quais são as formas de adorar?	69
14	Adorando com a minha vida	73
15	Qualquer pessoa pode ser um ministro de adoração?	77
16	Adorando com ousadia	81

17	Cantar é o mesmo que adorar?	85
18	Um bom presente	89
19	Como usar o meu dom para adorar a Deus?	93
20	Sendo um bom mordomo	97

Conselhos da Bruna — 101

Chamado

21	Como descobrir o meu chamado?	105
22	Grande comissão: um chamado para todos	109
23	O chamado específico de Deus para mim	113
24	Frutificando	117
25	Servindo com excelência	121
26	Cumprimos nosso propósito somente dentro da igreja?	125
27	Ensinando os princípios do Reino	129
28	O poder da comunhão	133
29	Uma vida alinhada aos sonhos de Deus	137
30	Vivendo os propósitos de Deus	141

Conselhos da Bruna — 145

Oração de comissionamento — 147
Perguntas reflexivas — 149
Registrando a jornada — 151

PREFÁCIO

"Vai acontecer" é uma expressão ousada, que revela a expectativa dos nossos corações acerca daquilo que Deus realizará. Essa declaração nos lembra de manter a fé, mesmo diante do improvável, com a convicção de que o Senhor pode todas as coisas.

Contudo, para termos essa esperança ancorada em nossos dias, é necessário que relembremos, constantemente, da bondade, fidelidade e do amor de Deus, crendo que Ele trará nosso romper no tempo oportuno. Por isso, vemos este livro como um chamado para mergulharmos nas bases do nosso relacionamento com o Senhor e como um impulsionador para nossas vidas espirituais. Com uma abordagem prática, Bruna Karla, que já experimentou grandes milagres, encoraja-nos a olhar para a jornada à nossa frente com a confiança de filhos que esperam o cumprimento das promessas em seu Pai.

Cada página o lembrará de que, mesmo que nuvens cinzas estejam presentes e a incerteza bata à porta, você terá coragem para dizer: "Eu creio em Deus, e por isso declaro Sua vontade sobre mim: vai acontecer!". Que esta leitura fortaleça sua alma e alimente seu espírito. Oramos para que você se torne uma testemunha de que, para o Senhor, nada é impossível. Deus o abençoe!

Pr. Marco e Pra. Juçara Peixoto

APRESENTAÇÃO
da AUTORA

Bruna Karla é cantora e ministra de louvor há mais de duas décadas. Começou a cantar aos três anos de idade e gravou seu primeiro álbum aos onze. Hoje, é um dos grandes nomes da música Gospel no Brasil, estando entre as artistas do meio com os maiores números de visualização no YouTube.

Bruna também obteve quatro indicações ao Grammy Latino ao longo dos vinte e um anos de carreira. Com suas músicas, ela procura levar palavras de esperança e conforto às pessoas, incentivando-as a tirarem os olhos das circunstâncias e fixarem a atenção no Senhor.

Bruna é carioca, tem trinta e dois anos de idade e é casada com Bruno Santos, com quem tem dois filhos, a Bella e o Benjamin. Ela e o marido são diáconos em sua igreja local.

Com este devocional, a autora espera ajudar seus leitores a depositarem sua confiança no Senhor, equipando cada um a conectar-se com seu chamado e aprofundar seu relacionamento com o Pai. Cada assunto abordado ao longo dos 30 dias queima no coração de Bruna, que tem convicção da necessidade de transmitir seus aprendizados para esta geração e para a próxima, enquanto experimenta, dirigida por Deus, uma nova temporada em sua vida.

APRESENTAÇÃO
do DEVOCIONAL

Quando caminhamos com Cristo e nos submetemos ao Seu senhorio, permitimos que Ele trate nosso caráter, alinhando nossa mente e coração. Ao passo que permanecemos em busca constante por conexão com o Senhor e nos esforçamos para conhecê-lO, descobrimos que andar ao Seu lado traz novidade de vida (cf. Romanos 6.4). Além disso, temos mais clareza de como viver Seus desígnios para cada um de nós e de como podemos ser relevantes para o Reino.

Percebemos também que, inevitavelmente, enfrentaremos diversos obstáculos para cumprirmos os propósitos do Pai — visto que estamos tomando o território do Inimigo —, e nos perderemos com facilidade se não estivermos firmes na Palavra. Esse é um dos motivos pelos quais compreendemos a importância de orar e adorar com constância e intencionalidade, pois, para manter um estilo de vida pautado na vontade de Deus, precisamos permanecer n'Ele, que é nossa fonte e sustento (cf. João 15.5-11).

Ao longo destes trinta dias de devocional, você se conectará profundamente com o Senhor por meio de uma vida de oração e adoração genuína, e, como consequência, com o Seu chamado. Que sua percepção seja aguçada e seus ouvidos tornem-se cada vez mais sensíveis ao Espírito Santo. Abra-se para o que o Senhor fará no decorrer desta jornada.

Meu desejo é que, durante este processo, acima de tudo, você saiba que pode depositar sua confiança e esperança em Deus, crendo que Sua vontade é boa, perfeita e agradável (cf. Romanos 12.2), e que Ele é fiel para realizar tudo o que prometeu (cf. 1 Tessalonicenses 5.24). Que esta leitura o encoraje fortemente e que, através da consagração, você possa descobrir como desfrutar a vida abundante em Cristo, testemunhando a ação sobrenatural de Deus a cada dia.

É tempo de novidade, de viver os romperes do Senhor! Então, aumente suas expectativas e prepare-se para o que Ele fará em você e por seu intermédio a partir de hoje!

COMO NAVEGAR *por* ESTE DEVOCIONAL

Este material foi pensado com o intuito de ser um suporte para que você se aprofunde em seu relacionamento com o Senhor diariamente, além de trazer princípios simples, mas essenciais, que o transformarão e permitirão viver o novo de Deus. Com isso em mente, preparamos algumas dicas e orientações para ajudá-lo a aproveitar, da melhor maneira possível, as ferramentas dispostas aqui:

1. Separe um momento específico em sua agenda para o devocional

Entenda esse tempo como um compromisso importante e inadiável com Deus. Ao reservar um horário, você adota uma postura de responsabilidade e honra perante o Senhor.

2. Escolha um lugar apropriado para ter esse tempo

Encontrar um ambiente adequado para fazer seus devocionais é fundamental para que, durante esses momentos, haja nenhuma (ou mínima) distração e interrupção.

3. Leia as referências bíblicas e medite nelas
A Bíblia é a base da nossa fé; ela revela a mente e o coração do nosso Deus. Leia e procure se aprofundar em cada versículo citado, buscando o que o Senhor deseja lhe falar.

4. Anote tudo o que Deus lhe revelar
Esteja, acima de tudo, sensível para ouvir a voz do Senhor, perceber e apreciar Sua presença, e discernir Sua vontade. Escreva, com detalhes, todas as revelações que receber d'Ele.

5. Pratique o que aprendeu
Não hesite em obedecer a Deus e colocar em prática aquilo que lhe for ensinado enquanto você lê este devocional. Medite e cumpra os exercícios e desafios propostos. Ao final de cada módulo, há algumas dicas e conselhos que podem ajudá-lo a fazer isso.

Esperamos que essas dicas o auxiliem em sua caminhada, aproximando-o cada vez mais do Pai e de Seus incríveis desígnios. Por fim, saiba que você não precisa esperar as circunstâncias perfeitas para começar essa jornada; é possível e necessário dar o primeiro passo onde quer que esteja.

Oração

DEVOCIONAL *01*

POR *que* ORAR?

> — Peçam e lhes será dado; busquem e acharão; batam, e a porta será aberta para vocês.
>
> (MATEUS 7.7)
>
> Tendo Jesus convocado os doze, deu-lhes poder e autoridade sobre todos os demônios e para curar doenças.
>
> (LUCAS 9.1)

Orar é algo lindo e tremendo. Abrimos nossa boca e conversamos com o Pai, a fim de desenvolvermos um relacionamento íntimo e profundo com Ele. Contamos como estamos nos sentindo, aquilo que desejamos e pensamos, e, principalmente, paramos para escutar o que o Senhor tem a dizer.

Ainda assim, muitas pessoas pensam que orar é difícil. Há até quem acredite que se trata de uma tarefa atribuída exclusivamente a líderes espirituais. Mas a verdade é que todos nós podemos e devemos desenvolver essa prática (cf. 1 Tessalonicenses 5.17). No Antigo Testamento, não era comum as pessoas terem acesso direto a Deus, e somente alguns podiam ouvir Sua voz. Porém, quando Jesus veio como homem e morreu por nós, o véu do templo se rasgou (cf. Mateus

27.51), de modo que o caminho ao Pai foi aberto (cf. Efésios 3.12). É por isso que, hoje, mesmo com todas as nossas imperfeições, se estivermos em Cristo, temos a chance de desfrutarmos dessa comunhão.

Jesus fez de nós filhos de Deus, assim como Ele (cf. João 1.12-13). E como nosso Pai, é fato que o Senhor nos conhece como ninguém e sabe o que vamos falar antes mesmo que digamos alguma coisa (cf. Salmos 139.4). Contudo, deseja ouvir nossa voz expressando o que se passa em nosso coração. Quando fazemos isso, também mostramos que estamos atentos para escutá-lO. Assim, nutrimos intimidade entre Pai e filho, o que é fundamental, pois fomos criados para esse relacionamento.

Isso é tão real, que Deus colocou em nosso interior o anseio pela eternidade (cf. Eclesiastes 3.11), o qual é saciado apenas com Ele. Em diversos momentos, sentimo-nos sozinhos e temos a profunda necessidade de sermos ouvidos. O Senhor sabe bem disso e está sempre disposto a nos escutar e Se revelar aos que O buscam de todo o coração (cf. Mateus 7.7; Jeremias 29.12-13), tanto como Amigo e Irmão, quanto como Pai, Conselheiro e Consolador.

Além de nos levar a desenvolver comunhão com Deus, uma vida de oração também é poderosa para destravar a realidade dos Céus na Terra. Se todos nós entendêssemos isso, acredito fortemente que oraríamos de forma mais intensa e constante, sabendo que, a partir de nossas súplicas e declarações, o Senhor pode manifestar bênçãos, cura, sinais e maravilhas sobre nós e as pessoas que nos cercam.

Todos nós podemos e devemos desenvolver a prática da oração.

Eu mesma pude experimentar esse poder sobrenatural agindo por meio das orações. Certo dia, acordei com dificuldade para andar. Eu caía muito, não conseguia me manter de pé e estava perdendo as forças nas pernas. Sentia dores absurdas em meu corpo, da cintura para baixo, e cheguei a ter de usar cadeira de rodas para me locomover em um aeroporto, a caminho de uma cidade onde fui convidada para ministrar adoração.

Procurei alguns médicos, que me solicitaram uma série de exames. Antes mesmo de realizá-los, disseram-me que, independentemente do resultado, eu precisaria fazer, no mínimo, seis meses de fisioterapia para voltar a ter os movimentos perfeitos das minhas pernas. Eu me perguntava como uma enfermidade poderia ter aparecido tão repentinamente em meu corpo, e logo me lembrei do que a Palavra afirma em Lucas 9.1. Nessa passagem, está escrito que o Senhor nos concedeu autoridade para ministrar cura e expulsar demônios. Por isso, posicionei-me em oração, junto com a minha família e amigos, e declarei que esse mal iria embora.

Poucas semanas depois, fui curada. Eu me levantei e já pude andar normalmente, com a convicção de que Deus havia feito algo tremendo. Não há uma explicação humana para a rapidez com que fui restaurada, foi algo sobrenatural. Embora a cura não tenha acontecido no mesmo dia em que oramos, ou na mesma semana, sei que o Senhor ouviu o nosso clamor, e pude viver uma experiência linda com Ele ao ver esse incrível milagre acontecer.

Deus deseja ouvir nossa voz expressando o que se passa em nosso coração.

Espero que meu testemunho possa ajudá-lo a perceber que a oração nos leva a um nível de intimidade tremendo com Deus, de modo que amadurecemos na fé e entendemos que, pelo Seu poder em nós, temos autoridade para trazer cura e vida. Portanto, devemos nos levantar, abrir nossa boca e declarar o que está no coração do Pai, manifestando Sua vontade na Terra. Creia que há poder na oração feita no nome de Jesus e que o Senhor deseja revelar o extraordinário em nossas vidas e por meio de nós.

1. Quanto tempo, por dia, você passa em oração? Depois de chegar a uma conclusão, reflita se é necessário reservar um período maior para essa prática.

2. Quando estiver se sentindo sozinho, que tal convidar Jesus para participar de suas atividades cotidianas, como comer, andar e até acompanhá-lo ao trabalho?

3. Qual é a sua reação imediata a uma dificuldade? Você procura primeiro a ajuda de familiares e amigos, ou ora antes de qualquer coisa?

DEVEMOS NOS levantar, ABRIR NOSSA BOCA E declarar O QUE ESTÁ no coração do Pai.

DEVOCIONAL *02*

COMO GERAR REALIDADES *em* ESPÍRITO?

> Então Elias disse a Acabe: — Suba, vá comer e beber, porque já se ouve o barulho de abundante chuva. Acabe subiu para comer e beber, mas Elias subiu até o alto do Carmelo. Ali, encurvado para a terra, pôs o rosto entre os joelhos e disse ao seu servo: — Vá e olhe para o lado do mar. Ele foi, olhou e disse: — Não vi nada. Então Elias disse: — Volte. E assim por sete vezes. Na sétima vez o servo disse: — Eis que se levanta do mar uma nuvem pequena como a palma da mão de um homem. Então Elias disse: — Suba e diga a Acabe: "Apronte o seu carro e desça, para que a chuva não o detenha." Em pouco tempo o céu escureceu, com nuvens e vento, e caiu grande chuva. Acabe subiu ao carro e foi para Jezreel.
>
> (1 REIS 18.41-45)

Você já passou por um terreno simples, que parecia até abandonado, e depois de determinado tempo observou um grandioso edifício naquele mesmo lugar? Pode ser que, ao ver aquela terra como se encontrava antes, não pudesse imaginar a proporção do que surgiria ali. Mas, após lançados os fundamentos e desenvolvidos cada um dos andares, foi possível visualizar o sucesso da construção.

No ambiente de oração, algo parecido acontece. Muitas vezes, recebemos uma promessa do Senhor sobre o que Ele fará, porém não conseguimos ver nada além de uma "terra vazia". Devemos, então, gerar essa palavra em oração, como se estivéssemos trabalhando numa construção. Mas, em vez de colocarmos tijolos e cimento, declaramos com fé o que está no coração do Pai, assim como Elias fez. Então, simplesmente contemplamos Sua obra sendo concretizada na Terra.

É por isso que a oração e a fé são duas coisas que nunca podem ser separadas. O texto de Hebreus 11.6 diz que "[...] sem fé é impossível agradar a Deus, porque é necessário que aquele que se aproxima de Deus creia que ele existe e que recompensa os que o buscam". Foi exatamente assim com o profeta. Mesmo vivendo em um grande período de seca que assolava Israel, ele declarou que já ouvia ruídos de chuva. Aos olhos naturais, nada havia mudado, mas isso não abalou sua certeza de que logo veria nuvens sobre a terra. Depois de clamar ao Senhor com insistência, consultou seu servo pela sétima vez e escutou: "[...] — Eis que se levanta do mar uma nuvem pequena como a palma da mão de um homem [...]" (1 Reis 18.44). Primeiro, ele creu, permaneceu convicto e, somente depois, pôde observar os sinais — ainda pequenos — do que viria.

> A oração e a fé são duas coisas que nunca podem ser separadas.

Para termos essa confiança, é importante que estejamos conectados à realidade celestial. As Escrituras afirmam que o que ligamos na Terra também é ligado no Céu (cf. Mateus 18.18). Grandes coisas podem acontecer no mundo espiritual quando nos posicionamos em oração. Por isso, essa postura deve se tornar nosso estilo de vida, levando-nos a sempre buscar o alinhamento com a Palavra e gerar realidades novas em espírito. Desse modo, todos os ambientes em que nos encontrarmos, nossas conversas e atitudes terão um toque celestial por meio de nós.

Para que isso aconteça, precisamos estar atentos à voz do Espírito Santo, sem deixar que os afazeres e preocupações do cotidiano nos tirem o foco, que é manter nosso coração junto ao do Senhor através da oração. Sem isso, é impossível chamarmos à existência o que ainda não existe (cf. Romanos 4.17), pois não haverá intimidade com Ele para sustentar nossas declarações — e sabemos que não é possível falar sobre aquilo que não conhecemos profundamente.

> *Precisamos estar atentos à voz do Espírito Santo.*

Portanto, quero desafiá-lo a sair da zona de conforto e elevar sua vida de oração a um novo nível. Busque o Senhor dia e noite, e receba a autoridade, por intermédio de Jesus, para declarar as Suas verdades onde estiver. Tenha disposição e coragem para gerar as palavras que o Pai declarou sobre você, independentemente do tempo necessário para que se cumpram. E, acima de tudo, mantenha a fé para enxergar além das circunstâncias, crendo que Deus está trabalhando em favor daqueles que O amam.

1. Qual aspecto de sua vida, hoje, se parece com um terreno vazio? O Senhor já lhe falou o que deseja realizar nessa área?

2. Em seu momento diário de oração, lembre-se de clamar, gerando no espírito o que Deus lhe entregou e ainda não se concretizou.

3. Qual passagem bíblica tem chamado a sua atenção nos últimos dias? Atente-se a ela, busque entender o que o Senhor quer lhe revelar e declare-a em voz alta.

TENHA DISPOSIÇÃO E **coragem** PARA **GERAR** AS PALAVRAS QUE o Pai declarou sobre você.

DEVOCIONAL 03

O PODER *da* INTERCESSÃO

— Procurei entre eles um homem que [...] se colocasse na brecha diante de mim, a favor desta terra, para que eu não a destruísse [...].

(EZEQUIEL 22.30)

Orem em todo tempo no Espírito, com todo tipo de oração e súplica, e para isto vigiem com toda perseverança e súplica por todos os santos.

(EFÉSIOS 6.18)

Sabemos o quão importante é estarmos, o tempo inteiro, conectados a Deus. Como cidadãos dos Céus (cf. Filipenses 3.20) que vivem nesta Terra, precisamos nos atentar à forma como o Senhor nos orienta a agir diante das diferentes situações da vida, vinte e quatro horas por dia. Por isso, é fundamental que nos posicionemos em intercessão.

Interceder significa mediar,[1] colocando-nos como uma ponte entre Deus e algo ou alguém. Trata-se de nos posicionarmos "na brecha", como a Palavra afirma em Ezequiel, em favor de um povo, lugar,

---

[1] INTERCEDER. In: DICIONÁRIO Michaelis *on-line*. São Paulo: Melhoramentos, 2021. Disponível em *https://michaelis.uol.com.br/moderno-portugues/busca/portugues-brasileiro/interceder/*. Acesso em janeiro de 2022.

situação etc. Isso requer de nós persistência e empenho, uma vez que precisamos perseverar, orando e crendo, até que o Senhor faça um milagre. E mesmo que nada se realize na hora em que desejamos ou julgamos ser a ideal, devemos continuar clamando pela concretização da vontade do Pai.

Na Palavra, há muitos exemplos de pessoas que intercederam de forma incansável e batalharam em oração até que fossem respondidas. Uma delas foi Ana, que sofreu com esterilidade por muitos anos e clamou pedindo a Deus que concebesse um filho. Então, Ele a ouviu e fez com que ela gerasse Samuel, que se tornou um grande profeta em Israel (cf. 1 Samuel 1.11-28).

Ester também se posicionou em favor de seu povo, que estava sob risco de morte. Ela jejuou e intercedeu para que fossem livrados (cf. Ester 4.16). Só então utilizou o lugar estratégico em que Deus a havia colocado — sua posição de rainha — para lutar pela vida daquelas pessoas. Da mesma forma fez Josué, e viu o sol se manter parado por quase um dia inteiro, o que permitiu que Israel tivesse vitória sobre seus inimigos (cf. Josué 10.12-13).

Não há limites para o alcance do poder de Deus por meio de nossas súplicas.

As histórias mencionadas aconteceram por meio de pessoas comuns, como nós, que lidavam com limitações similares às nossas. Elas não eram superpoderosas, mas, sim, cheias de fé, e sabiam do poder da intercessão. Nós também devemos ter confiança de que o nosso clamor ao Senhor é capaz de trazer transformação ao destino de nações, famílias, escolas, universidades, o que for. Não há limites para o alcance do poder de Deus por meio de nossas súplicas.

Você já pensou orar e testemunhar coisas extraordinárias? Ao colocarmos em prática a intercessão, seguindo o exemplo desses grandes homens e mulheres de Deus, é possível contemplarmos milagres incríveis.

Certa vez, em uma madrugada, minha filha teve uma crise de tosse muito forte e, por conta disso, meu marido e eu nos desesperamos. Como ela não conseguia parar de tossir, começou a ficar sem ar. Naquele momento, eu a abracei e declarei Salmos 91.1-2 sobre a sua vida: "Aquele que habita no esconderijo do Altíssimo e descansa à sombra do Onipotente diz ao Senhor: 'Tu és o meu refúgio e a minha fortaleza, o meu Deus, em quem confio'".

> *Há muitas ocasiões em que precisamos colocar nossa fé em ação.*

Orei ao Pai, dizendo: "É por ela que clamo, é por sua cura que peço. Senhor, venha com o Seu poder. Tenha misericórdia de nós". Após essa oração, minha filha adormeceu, e todos os sintomas de doença sumiram. Vivi um milagre extraordinário naquela noite, com a minha família, e sei que isso só aconteceu porque me posicionei em intercessão.

Assim como tive de fazer por minha pequena, há muitas ocasiões em que precisamos colocar nossa fé em ação, a fim de que outras pessoas sejam abençoadas. Algo que amo fazer nesses momentos de batalha espiritual é declarar o que está escrito na Bíblia. Existe poder na Palavra de Deus, pois ela é a verdade absoluta e revela o coração do Pai. Então, sempre falo em minhas orações: "Porque está escrito..." e menciono uma passagem bíblica, conforme o Espírito Santo me orienta.

Ver milagres como respostas de nossa intercessão é uma realidade disponível para mim e para você. Por isso, eu o convido a se posicionar como esses homens e mulheres sobre os quais a Bíblia relata, que viveram de forma sobrenatural. Seja o mediador entre as pessoas e o Senhor, levante-se fervorosamente para clamar por elas. Quando intercedemos de todo coração, com fé, batalhando por nossa família, amigos e pela mudança de circunstâncias, Deus move Céus e Terra para nos conceder vitórias.

1. Você tem sido um mediador entre a causa de outras pessoas e o Senhor?

2. Faça uma lista com os nomes daqueles pelos quais deseja interceder a partir de hoje. Reserve um horário e intervalo de tempo diário para orar por eles.

3. Qual é o lugar estratégico no qual o Senhor o colocou para batalhar como intercessor? Lute em oração por sua família, igreja, trabalho, etc.

Seja o *mediador* ENTRE AS PESSOAS E O *Senhor.*

DEVOCIONAL *04*

INTERCEDENDO *com* AUTORIDADE

Irmãos, por nosso Senhor Jesus Cristo e também pelo amor do Espírito, peço que lutem juntamente comigo nas orações a Deus a meu favor.

(ROMANOS 15.30)

Como a Palavra afirma em Lucas 10.19, o Senhor já nos concedeu autoridade para pisarmos em cobras e escorpiões, e sobre todo o poder do Inimigo, de modo que nada nos causará danos. Então, o que precisamos fazer é tomar atitudes e posicionamentos de acordo com essa realidade. Foi isso que Pedro fez na ocasião relatada em Atos 3, pois tinha consciência do que havia recebido de Deus. Ele respondeu a um homem que era coxo de nascença, dizendo: "[...] — Não possuo nem prata nem ouro, mas o que tenho, isso lhe dou: em nome de Jesus Cristo, o Nazareno, levante-se e ande!" (v. 6).

A Bíblia está repleta de histórias de homens e mulheres que, cheios de autoridade e, sobretudo, confiança em Deus, agiram debaixo do Seu direcionamento. Mas, sem dúvidas, o maior exemplo para as nossas vidas é o nosso Senhor Jesus. Enquanto esteve na Terra, realizou coisas extraordinárias: curou doentes, expulsou demônios, ressuscitou mortos e levou transformação por onde passava. Todo poder e autoridade pertencem a Cristo, e a Palavra diz que Ele delegou isso a nós — os que creem —, a fim de anunciarmos o Evangelho (cf. Atos 1.8) e fazermos obras ainda maiores do que as que Ele fez (cf. João 14.12).

Como Igreja, tudo aquilo que acionarmos aqui na Terra será ligado no Céu (cf. Mateus 16.19); e é por meio da nossa oração e intercessão que fazemos isso. Então, querido, não tenha medo! O Senhor nos fez assentar em lugares celestiais (cf. Efésios 2.6) para termos Sua perspectiva e exercermos a autoridade que Ele mesmo decretou sobre nós.

Tome posse dessa verdade e use-a com fé e expectativa em Deus! Assim como Cristo, invista tempo em ser um intercessor entre o Céu e a Terra. Escute as pessoas que o cercam e comprometa-se a se colocar, com confiança e autoridade, à frente das suas batalhas e também daquelas que pertencem ao seu próximo. Lembre-se: Jesus já triunfou sobre principados e potestades, você triunfará também (cf. Colossenses 2.15).

> *Todo poder e autoridade pertencem a Cristo, e Ele delegou isso a nós.*

1. Tendo como base suas próprias orações e atitudes, avalie se você tem exercido a autoridade que o Senhor decretou sobre você.

2. Reflita sobre quanto tempo você investe em conhecer a vontade de Deus sobre as pessoas que o cercam e os lugares que frequenta.

3. O último desafio que lhe proponho hoje é que você examine se tem dificuldade em cumprir aquilo que Jesus nos comissionou a fazer.

Jesus já TRIUNFOU SOBRE PRINCIPADOS E POTESTADES, você triunfará também!

DEVOCIONAL 05
JESUS INTERCEDE *por* NÓS

> *[...] Jesus se tornou fiador de superior aliança. Ora, os outros são feitos sacerdotes em maior número, porque a morte os impede de continuar; Jesus, no entanto, porque continua para sempre, tem seu sacerdócio imutável. Por isso, também pode salvar totalmente os que por ele se aproximam de Deus, vivendo sempre para interceder por eles.*
>
> **(HEBREUS 7.22-25)**

Você já precisou se apresentar em um tribunal para intervir por alguma causa? Nós, civis, não podemos simplesmente comparecer diante do juiz e nos defender de qualquer forma. Para isso existem os advogados. Eles são pessoas que estudam as leis, conhecem a linguagem e as normas apropriadas para se usar no fórum, e utilizam esse conhecimento e posição para falar em favor de seus clientes.

Como transgredimos a Lei de Deus com nossos pecados (cf. Romanos 3.23; 1 João 3.4), o Diabo, ardiloso, faz questão de nos incriminar, utilizando-se disso como argumento. Mas as Escrituras afirmam que "[...] temos Advogado junto ao Pai, Jesus Cristo, o Justo" (1 João 2.1) e que "[...] há um só Deus e um só Mediador entre Deus e a humanidade, Cristo Jesus [...]" (1 Timóteo 2.5). É maravilhoso saber que Ele é o nosso intercessor e que nos defende de toda acusação do Inimigo. Pode parecer loucura, mas está escrito: "Quem os condenará? É Cristo Jesus quem morreu, ou melhor, quem ressuscitou, o qual está à direita de Deus e também intercede por nós" (Romanos 8.34).

Antes da cruz, o povo de Deus precisava, constantemente, oferecer sacrifícios para expiar seus pecados (cf. Levítico 1-7). Os sacerdotes eram levitas que realizavam os holocaustos determinados pela Lei, porém nem mesmo eles tinham acesso à presença de Deus. O único a entrar no Santo dos Santos, em um dia específico do ano, para aspergir o sangue do cordeiro sobre a Arca da Aliança, era o sumo sacerdote (cf. Levítico 16). Mas Jesus veio e mudou todo esse cenário!

> *Contra todas as acusações do Diabo, Ele oferece as provas da cruz.*

Sendo 100% homem e 100% Deus, Ele é a ponte perfeita entre o Pai e a humanidade. Cristo conhece todos os preceitos e leis do Reino Celestial, tem o linguajar apropriado para falar com o Senhor e, sabendo o que é viver na Terra, conhece as dores e angústias do Homem. Jesus sentiu o peso do pecado sobre si e Se coloca em nossa defesa (cf. 1 João 2.1-2). Contra todas as acusações do Diabo, Ele oferece as provas da cruz, o sacrifício que nos justifica (cf. Atos 13.38-39)!

É por isso que oramos "em nome de Jesus", pois Ele é o nosso mediador. Então, nós nos apresentamos diante do Filho, para que sejamos apresentados ao Pai. Podemos colocar perante Cristo nossas dores, frustações, pedidos e, principalmente, nossa gratidão, confiantes por saber que, n'Ele, temos livre acesso à Sala do Trono e somos levados ao Rei (cf. Hebreus 10.19-20). Jesus é nosso intercessor, que nos lava dos pecados com Seu sangue precioso e nos conecta a Deus (cf. Efésios 2.13).

1. Em quais situações você precisa que Cristo interceda em seu nome?

2. Ore apresentando suas falhas a Jesus, para que Ele possa intervir em seu favor; confesse seus pecados e se arrependa, sendo coberto pelo sangue de Cristo.

3. Se o Diabo levantar acusações contra você, declare que o sangue de Jesus já foi derramado sobre a sua vida e o Inferno não tem mais poder contra ela.

Oramos *"em nome de Jesus"*, POIS ELE É O NOSSO mediador.

DEVOCIONAL 06

ORANDO *em* SECRETO

> *Mas, ao orar, entre no seu quarto e, fechada a porta, ore ao seu Pai, que está em secreto. E o seu Pai, que vê em secreto, lhe dará a recompensa.*
>
> (MATEUS 6.6)

Uma vez que Cristo abriu o nosso caminho ao Pai, por meio da cruz, podemos falar diretamente com Deus em oração. Para isso, a Palavra nos instrui a entrarmos em nosso quarto, fecharmos a porta e orarmos em secreto, dedicando-nos e desfrutando de um tempo de intimidade com o Senhor, de forma totalmente pessoal e reservada. É semelhante às ocasiões em que você quer contar um segredo a um amigo e precisa estar a sós com ele para compartilhá-lo.

Nesse momento, podemos derramar totalmente o nosso coração na presença d'Ele, sem sentir vergonha. Recolhidos no secreto, somos livres para chorar, sorrir, falar alto ou baixinho. Trata-se de um tempo bem especial. Acredito que, se as pessoas entendessem o quão precioso é cultivar uma vida de intimidade com o Senhor, com certeza fariam isso mais frequente e intensamente. Muitos não oram sequer uma vez por dia, pois acabam temendo a vulnerabilidade de que precisarão dispor a fim de ir mais fundo na presença de Deus. Acontece que é somente nesse lugar que podemos expor tudo o que sentimos e confessar fraquezas e limitações; além de ouvir a suave e poderosa voz do Senhor, revelando Seus extraordinários pensamentos a nosso respeito, consolando, instruindo e transformando-nos de dentro para fora.

Ele certamente deseja Se aproximar de nós e falar às nossas almas de maneira profunda e íntima. Sabemos disso porque, em Tiago 4.8, a Bíblia diz: "Cheguem perto de Deus, e ele se chegará a vocês [...]". Também em Jeremias 33.3, somos lembrados de que nos achegarmos ao Senhor não é uma ação vã, Ele nos escuta e responde: "Chame por mim e eu responderei; eu lhe anunciarei coisas grandes e ocultas, que você não conhece".

É nesse tempo que aprendemos a ouvir a voz de Deus e passamos a entender como reconhecê-la. Ao entrarmos em Sua presença e abrirmos a Palavra, o Senhor fala conosco e, à medida que nos atentamos aos direcionamentos do Espírito Santo, percebemos que a presença d'Ele é real em nosso interior.

De fato, os momentos no secreto nos levam a desenvolver a sensibilidade necessária para ouvirmos nosso Criador. Por vezes, o Senhor falou ao meu coração em períodos que reservei para clamar e chorar, enquanto me derramava e cantava um louvor diante d'Ele. Assim como Samuel, já O ouvi me chamar e me perguntei quem estava falando comigo (cf. 1 Samuel 3.1-10), mas logo a certeza de que era o próprio Deus tomou conta de mim. Dentro do meu coração, senti o Espírito Santo me direcionando e derramando as Suas verdades sobre a minha vida.

Experiências como essas são humanamente inexplicáveis, mas sobrenaturais e necessárias, pois alinham nossa alma e espírito aos planos do Senhor, gerando vida em nós. Elas não estão disponíveis somente a mim ou a pastores, missionários e pessoas consideradas "grandes na fé". Deus quer trazer o extraordinário para cada um de nós, filhos amados, falando conosco em secreto, ao passo que desenvolvemos uma relação de constância e de amor com Ele.

> *Ele deseja Se aproximar e falar às nossas almas de maneira profunda e íntima.*

Querido leitor, você consegue perceber a enorme importância de estar a sós com o Pai? Quando se entende a necessidade desse hábito, a solitude do seu quarto (ou outro cômodo) passa a ser preciosa, pois esse se torna o lugar de encontro com Ele, preenchido por Sua glória e poder. Ali, você sentirá a atmosfera mudar e ser cheia da presença de Deus. Posso testificar que, ao separar tempo para estar com Ele, sempre acabo sorrindo enquanto Lhe conto sobre uma experiência ruim, ou a respeito de como estou feliz e, ainda, acerca de todos os milagres que tenho vivido. Ao mesmo tempo, eu O glorifico e sinto uma paz invadir o meu quarto, o meu lugar secreto.

Portanto, se você nunca ouviu a voz de Deus ou não sabe como Ele Se revela, eu o desafio a tirar um tempo, todos os dias, para estar com o Senhor de hoje em diante. Comece com, pelo menos, dez minutos por dia, você perceberá que passarão tão rapidamente que considerará "pouco". Feche a porta do seu quarto e convide o Espírito a fluir; fique lá o período que for preciso para desfrutar da presença d'Aquele que O ama.

Eu não sou a única a garantir que Deus Se mostrará a você. Podemos confiar na Palavra, que confirma a Sua manifestação quando nós clamamos (cf. Jeremias 29.12-13). Você está pronto para escutar a voz do Senhor? Este é o tempo de iniciar uma jornada particular com Ele. Prepare-se para aceitar novos direcionamentos, estratégias e revelações, destinadas especialmente à sua vida.

1. Você tem reservado um horário específico, diariamente, para estar a sós com Deus? Se não, defina isso ainda hoje e coloque em prática a partir desta semana.

2. O que o Senhor está falando ao seu coração neste período? Perceba como a Sua voz tem direcionado você.

3. Quais são as dádivas que o Espírito Santo derramou sobre sua vida em seu momento de Secreto? Anote-as e agradeça ao Pai por cada uma.

FECHE A PORTA DO seu quarto E CONVIDE O Espírito a fluir.

DEVOCIONAL 07
A IMPORTÂNCIA *da* ORAÇÃO *em* LÍNGUAS

> *Ora, os dons são diversos, mas o Espírito é o mesmo. [...] A manifestação do Espírito é concedida a cada um visando um fim proveitoso. Porque a um é dada, mediante o Espírito, a palavra da sabedoria; a outro, segundo o mesmo Espírito, a palavra do conhecimento. [...] A um é dada a variedade de línguas e a outro, capacidade para interpretá-las. Mas um só e o mesmo Espírito realiza todas essas coisas, distribuindo-as a cada um, individualmente, conforme Ele quer.*
>
> **(1 CORÍNTIOS 12.4-11)**

Antes mesmo de Cristo Se revelar como o Messias, João Batista anunciou ao povo a vinda d'Aquele que os batizaria com o Espírito Santo e com fogo (cf. Mateus 3.11). Então, após Sua morte e ressurreição, Jesus confirmou as palavras do profeta, falando a respeito da chegada do Espírito da verdade (cf. João 15.26), que aconteceu depois de um tempo, no dia de Pentecostes (cf. Atos 2). Foi quando Ele desceu e encheu todos os que estavam reunidos ali, que "[...] começaram a falar em outras línguas, segundo o Espírito lhes concedia que falassem" (Atos 2.4).

Com a vinda do Consolador, experimentamos a realidade dos dons espirituais. Em Atos 2, lemos, especificamente, sobre a primeira vez em que as pessoas falaram em línguas, um dos muitos dons que podemos receber; basta buscarmos com zelo (cf. 1 Coríntios 12.31). As Escrituras nos esclarecem que há diferentes tipos de manifestação e formas de atuação do Espírito, mas é Ele quem efetua tudo em todos (cf. 1 Coríntios 12). Por isso, lembre-se de que, uma vez que estamos em Cristo, caminhando debaixo da autoridade do Senhor, Ele pode derramar dons sobrenaturais sobre nós, e é maravilhosa a forma como faz isso!

Então, querido leitor, quer falar em línguas? Comece orando e pedindo isso a Deus. Ele deseja que você flua nos dons espirituais, mas, antes, espera que O busque. Tome posse dessa verdade e diga: "Eu recebo. Quero orar em línguas, pois o Espírito Santo habita em mim".

Esse dom é realmente lindo e tremendo! Além de servir para nossa edificação (cf. 1 Coríntios 14.4), é um dos sinais da presença manifesta e poderosa do Senhor. Por isso, devemos trazer a oração em línguas para o nosso dia a dia, sem vergonha de fazê-la ao interceder por alguém, mesmo diante de outras pessoas.

Vivi, há pouco tempo, uma experiência interessante em um evento aberto. Estávamos reunidos em uma praça e, no momento em que fiz o apelo, um homem levantou as mãos para entregar sua vida ao Senhor. Comecei a clamar, e o Espírito Santo me levou a falar em línguas. Senti a presença de Deus em mim, mas aquele homem manifestou algo demoníaco. Enquanto eu orava em línguas, ele foi liberto de espíritos malignos e, logo em seguida, entregou-se ao Pai. Continuei o apelo, de repente, uma jovem grávida também levantou as mãos para aceitar a Jesus como Senhor e Salvador,

> *Com a vinda do Consolador, experimentamos a realidade dos dons espirituais.*

e o mesmo processo se repetiu; um espírito maligno se manifestou através dela. Então, desci para o meio da multidão e comecei a interceder em línguas; aquela jovem foi liberta e entregou sua vida a Cristo.

O que aconteceu comigo é uma evidência de que esse dom não está restrito à Igreja primitiva, mas é acessível a todos ainda em nossos dias. Por isso, saiba que você também pode receber novas línguas do Senhor. Ele quer que essa dádiva, que é tão linda, seja desenvolvida em nós, e que usemos Seus dons para que as pessoas sejam curadas, libertas, transformadas e, por fim, também sejam batizadas com o Espírito Santo.

> *Devemos trazer a oração em línguas para o nosso dia a dia.*

Enquanto aguardamos a volta de Jesus, precisamos manifestar e expandir o Reino de Deus, permitindo que Ele faça coisas tremendas em nós e através de nós. Então, busque-O hoje! Se você já fala em línguas, ore por renovo; se ainda não fala, o seu desafio do dia é continuar clamando intensamente, pedindo: "Pai, eu quero os dons do Espírito, pois sei que habita em mim. Desejo ser um com o Senhor!".

1. Se você nunca recebeu o dom de falar em outras línguas, tire um tempo agora para orar por isso.

2. Caso você já tenha recebido o batismo com o Espírito Santo, exercite-o e desenvolva — pedindo por novas línguas, por exemplo.

3. Hoje mesmo, peça discernimento ao Senhor a respeito de cinco pessoas. Ore e interceda em línguas. Se possível, busque também por interpretação.

ENQUANTO AGUARDAMOS A **volta de Jesus**, PRECISAMOS **MANIFESTAR** E *expandir* O REINO.

DEVOCIONAL 08
O RELACIONAMENTO *com* O ESPÍRITO SANTO

> *E eu pedirei ao Pai, e ele lhes dará outro Consolador, a fim de que esteja com vocês para sempre: é o Espírito da verdade, que o mundo não pode receber, porque não o vê, nem o conhece. Vocês o conhecem, porque ele habita com vocês e estará em vocês.*
>
> (JOÃO 14.16-17)

O ministério de Jesus na Terra, apesar de curto, gerou frutos que perduram até hoje. Inclusive, você e eu somos resultado da pregação desse Evangelho transformador, que marcou aquela geração, mudou a História e continua tocando vidas em nossos dias. Mas, pela lógica, e depois de tantos séculos, talvez fosse difícil estabelecer uma relação direta entre nós e algo que foi iniciado naquele tempo. Aliás, pelo que entendo, os próprios apóstolos tinham receio do que aconteceria quando Cristo não estivesse mais com eles; foi então que o Mestre afirmou a vinda do Consolador (cf. João 14.16-17).

Em outras palavras, Jesus garantiu a todos os Seus discípulos (e àqueles que O seguiriam posteriormente) que não estariam sozinhos.

Alguém enviado por Ele mesmo seria o nosso Companheiro, ensinando sobre as verdades do Reino, convencendo nosso coração do pecado e nos instigando a nos tornarmos cada dia mais santos — semelhantes a Cristo (cf. João 16.7-8).

O Espírito Santo não é uma voz em nossa cabeça, mas uma Pessoa que fala conosco, com Quem podemos nos relacionar, conversar e desenvolver uma ligação profunda de intimidade e confiança. É por isso que, como em uma amizade comum, precisamos cultivar esse laço, para que Ele, que é o próprio Deus em nós, preencha todas as lacunas do nosso ser. Quando vivemos essa relação, recebemos o direcionamento necessário, tanto para as grandes decisões, como para os pequenos detalhes da vida. O Consolador também nos alerta das armadilhas que o Inimigo pode estar planejando contra nós. Assim, aprendemos a lidar com quaisquer ciladas, desviando nossos passos do mal e de todas as propostas que, aparentemente, são boas, mas levam à morte.

Tudo isso só é possível quando abrimos nosso coração e damos espaço para que Ele faça Sua obra. Apesar de ser um processo claro, muitos parecem enxergá-lo como algo místico e de difícil entendimento. E embora perceber a ação do Espírito Santo requeira sensibilidade de nossa parte, Sua manifestação não deve nos assustar. É por isso que precisamos deixar nossos preconceitos de lado e compreender que não é necessário um ritual complexo para que tenhamos acesso a Ele. Por meio de Cristo, podemos receber e nos relacionar com o Espírito, além de ouvi-lO falar conosco e senti-lO Se mover em nós, de modo sobrenaturalmente natural.

Não existe fórmula mágica. A partir do momento em que aceitamos Jesus como nosso único e suficiente Salvador, uma "porta"

Alguém enviado por Ele mesmo seria o nosso Companheiro.

se abre para que Seu Espírito possa agir, assim como se deu em Pentecostes (cf. Atos 2). O acontecimento daquele dia foi o cumprimento das palavras do Mestre aos Seus discípulos. Então, não se esqueça de que essa verdade permanece disponível para todo aquele que entrega a vida a Cristo.

> O Espírito Santo não é uma voz em nossa cabeça, mas uma Pessoa que fala conosco.

Creio que o mais lindo desse relacionamento seja justamente o fato de estarmos mais próximos do coração de Deus, já que o Espírito é quem O conhece mais profundamente e O revela para nós (cf. 1 Coríntios 2.10-11). Com isso, além de nunca estarmos sozinhos na nossa caminhada como cristãos, com a ajuda desse nosso Amigo, conseguimos acertar cada vez mais o nosso alvo, que é ser como Jesus.

1. Como tem sido o seu relacionamento com o Espírito Santo? Você entende que Ele é uma pessoa e pode ser seu amigo, ou ainda acredita que é apenas uma "sensação"?

2. Convide o Espírito Santo para fazer algo especial junto com você, talvez para comer alguma coisa, fazer um passeio ou algo que você goste.

3. Deixe que o Conselheiro fale com você e use sua vida em todos os lugares. Na próxima vez em que sair, peça que Ele lhe dê as direções específicas quanto ao que fazer.

O Espírito é quem O CONHECE MAIS PROFUNDAMENTE e O revela para nós.

DEVOCIONAL 09

A IMPORTÂNCIA de UNIR o JEJUM à ORAÇÃO

> *Será que não é este o jejum que escolhi: que vocês quebrem as correntes da injustiça, desfaçam as ataduras da servidão, deixem livres os oprimidos e acabem com todo tipo de servidão?*
>
> **(ISAÍAS 58.6)**

A cada dia, as pessoas tentam adequar o Evangelho como lhes convém, adaptando os preceitos bíblicos para que se tornem mais "digeríveis". Mas isso é simplesmente impossível. Não podemos nos moldar ao mundo e viver a vontade plena e perfeita de Deus ao mesmo tempo (cf. Romanos 12.2). Caminhar na Verdade requer renúncia e separação do pecado. Além do mais, a Palavra nos lembra, em Mateus 5.13-14, que somos sal e luz na Terra — isto é, devemos brilhar, fazendo a diferença ao "temperar" as realidades "insípidas". Ela também nos diz que a porta para a vida é estreita (cf. Mateus 7.14), e quem deseja seguir o Senhor deve tomar a sua própria cruz (cf. Lucas 9.23).

Portanto, pela fé, percebo que é chegado o momento em que homens e mulheres de todas as idades se levantarão para viver um novo tempo com Deus. Estou falando de mim e de você, servos realmente comprometidos com o Evangelho, que não se conformam com o que tem acontecido nesta geração. Em razão disso, precisamos nos dedicar a uma intensa intimidade com o Pai, com uma vida santa, pois está escrito: "[...] O justo continue na prática da justiça, e o santo continue a santificar-se" (Apocalipse 22.11). Essa busca nos trará profunda amizade e comprometimento com Ele, e uma das ferramentas mais poderosas para se alcançar isso é o jejum.

Por vezes, somos tentados a crer que essa prática ficou nos tempos antigos, mas as Escrituras são atuais e revelam que ela permanece necessária. Como é tremenda a vida do cristão que jejua, dispondo-se a renunciar à vontade carnal e fortalecer o espírito, tornando-se ainda mais sensível à voz do Senhor! Se as pessoas entendessem o poder que há nisso, e o modo como o sobrenatural se manifesta quando a Igreja jejua, certamente buscariam mais a presença de Deus dessa forma.

Sou imensamente abençoada por fazer parte de um ministério que, todo mês, na primeira segunda-feira, reúne-se para orar e jejuar. Agradeço a Deus pela vida do meu pastor, que ensina o povo a buscar a face do Senhor com clamor e consagração. Felizmente, carrego esse hábito desde a infância, pois sempre foi prioridade no dia a dia de minha mãe. Esse estilo de vida me proporcionou diversas experiências extraordinárias e poderosas; vi milagres, sinais e provei muita intimidade com o Pai.

Vale lembrar que o jejum correto é aquele que busca somente atrair a presença de Deus, e não aplausos de homens. Não é à toa que, em Mateus 6.16-17, o Senhor nos alerta, dizendo: "— Quando vocês jejuarem, não fiquem com uma aparência triste, como os hipócritas; porque desfiguram o rosto a fim de parecer aos outros que estão jejuando

[...] Mas você, quando jejuar, unja a cabeça e lave o rosto, a fim de não parecer aos outros que você está jejuando, e sim ao seu Pai, em secreto [...]". Ao jejuarmos, devemos demonstrar ainda mais alegria e satisfação por fazer algo tão poderoso. Afinal, com essa atitude, batalhas são travadas e vencidas no mundo espiritual.

> *O jejum correto é aquele que busca somente atrair a presença de Deus.*

Querido leitor, quando você tomar posse das armas que o Senhor lhe dá através do jejum, testificará seu valor e o tornará um hábito frequente. Depois do período de consagração, nossa alma e espírito são reavivados. Uma nova força — que não vem do alimento natural, mas do próprio Deus — é derramada sobre nós. Embora sintamos falta das coisas que renunciamos, nós O percebemos bem perto e temos a convicção de que Ele nos basta.

Além disso, essa disciplina nos atribui autoridade no mundo espiritual para expulsarmos castas de demônios que só saem com jejum e oração (cf. Mateus 17.21). São experiências como essa que podemos viver, e muitas outras, transformando a realidade ao nosso redor. Talvez você esteja passando por situações que não mudam, mesmo com seu clamor. Então, eu gostaria de lhe dizer que algumas circunstâncias exigem um passo maior, de mais sacrifício e entrega, para serem revertidas.

O Senhor deseja que verdadeiramente reconheçamos quem Ele é, clamando e nos derramando em Sua presença, para que Se revele a nós (cf. Joel 2.12-13). Aproxime-se do Pai, meu querido, unindo a oração ao jejum. Não se trata de algo reservado, que somente nossos pais, líderes e avós experimentaram, mas deve ser colocado em prática hoje, por cada um de nós, com anseio pela presença de Deus e constância. Ao nos levantarmos dessa forma, humilhando-nos perante o Senhor, experimentaremos o sobrenatural e viveremos o romper que nos foi reservado.

1. Qual é o posicionamento do seu coração ao jejuar e buscar a Deus? Instigue seu espírito a desejar o Senhor e ser grato pelas ferramentas que Ele nos deu para O encontrarmos.

2. Organize-se para jejuar toda semana. Nesse tempo, intensifique suas orações e peça-O para o purificar e santificar durante o processo.

3. Convide pessoas da sua igreja, ministério ou grupo de amigos para um jejum coletivo. Busquem ouvir a Deus e declarar romperes sobrenaturais sobre situações de necessidades que vocês enfrentam.

CAMINHAR NA **Verdade** REQUER RENÚNCIA E separação do pecado.

DEVOCIONAL *10*

LUTANDO *com* ARMAS ESPIRITUAIS

> *Mandaram cartas a todos os judeus, às cento e vinte e sete províncias do reino de Assuero, com palavras amigáveis e sinceras, para confirmar estes dias de Purim nos seus tempos determinados, como o judeu Mordecai e a rainha Ester lhes haviam ordenado, e como eles mesmos já o tinham estabelecido sobre si e sobre a sua descendência, a respeito do jejum e do seu lamento.*
>
> (ESTER 9.30-31)

Como comentei, desde a minha infância, oro e jejuo com frequência. E é por experiência própria que entendo a necessidade de enfatizar o valor dessas disciplinas na vida de um cristão. Infelizmente, é comum nos distrairmos ou não darmos a devida importância ao ato de passar tempo com Deus e nos consagrarmos.

Por meio do processo de mortificação da carne é que nos tornamos aptos para viver o extraordinário e trazer o sobrenatural à Terra, fazendo-a estremecer. Entretanto, se não houver uma busca intensa pelo Senhor através do jejum e da oração constantes, não conseguiremos "mergulhar" n'Ele. É por esse motivo que enxergamos uma geração que fala tanto sobre Jesus, mas vive poucas experiências sobrenaturais, como milagres e as muitas manifestações de Seu poder.

O posicionamento de Ester diante de uma ameaça contra seu povo chama a minha atenção para esse assunto: "Vá e reúna todos os judeus que estiverem em Susã, e jejuem por mim. Não comam nem bebam nada durante três dias, nem de noite nem de dia. Eu e as minhas servas também jejuaremos. Depois, irei falar com o rei, ainda que seja contra a lei; se eu tiver de morrer, morrerei" (Ester 4.16).

Essa passagem bíblica revela uma mulher tremenda, que decidiu lutar com as armas espirituais — como 2 Coríntios 10.4 bem nos instrui —, e ministra duas lições preciosas. A primeira é que não devemos travar batalhas com a força de nossos próprios braços, mas clamar por intervenção divina em qualquer situação. Ester poderia apenas ter se apresentado ao rei assim que decidiu agir em favor de seu povo, todavia escolheu consagrar-se antes.

Devemos clamar por intervenção divina em qualquer situação.

Já a segunda lição está em fazermos a nossa parte para que o sobrenatural aconteça. A rainha pediu que os judeus jejuassem por ela, assegurando que ela também faria o mesmo. A verdade é que não podemos depender somente da intercessão de outras pessoas por nossas causas, enquanto nos isentamos de nossa responsabilidade no trabalho.

Por isso, reforço: para alcançar vitória na guerra, devemos orar e jejuar. Podemos aprender a importância dessas práticas com grandes homens e mulheres de Deus, assim como Ester, que viveu momentos extraordinários e mudou a história de sua nação. Inspire-se, esteja em constante consagração ao Pai e, assim, prontifique-se a caminhar conforme a Sua perfeita vontade.

1. Você sente que está sem tempo para uma rotina que envolva jejum e oração? Troque a palavra "tempo" por "prioridade" e repense sobre o assunto.

2. Qual foi a última vez em que você se empenhou para fazer um jejum desafiador?

3. Lembre-se dos desafios que já enfrentou. Identifique o amor e o cuidado de Deus durante cada um deles e, em seguida, convide-O para estar sempre à frente de suas batalhas.

Esteja em **constante** *consagração* ao **Pai.**

CONSELHOS da BRUNA

Oração

Como você certamente percebeu, a oração é fundamental para andarmos em sintonia e união com Deus. Então, lembre-se:

1. Peça mais anseio por Sua presença. O Senhor é o pão da vida (cf. João 6.35) e satisfaz os que se achegam a Ele de todo o coração.

2. Não negocie seu tempo a sós com Deus. Faça disso uma prioridade todos os dias. Afinal, é no secreto que desenvolvemos intimidade.

3. Ter disciplina espiritual requer passos práticos e determinação. Portanto, estabeleça uma meta diária de, pelo menos, vinte minutos de oração (em entendimento e em línguas).

4. Jejue semanalmente. Essa prática nos torna mais sensíveis à Sua voz e aptos para receber o que Ele deseja derramar.

5. Por fim, seja um intercessor! Lute no campo da batalha espiritual por causas que não são suas. Nunca esqueça: intercessão é um ato de amor.

Adoração

DEVOCIONAL 11

ADORAÇÃO EXCLUSIVA

Aconteceu que, quando eles chegaram, Samuel viu Eliabe e disse consigo: — Certamente está diante do Senhor o seu ungido. Porém o Senhor disse a Samuel: — Não olhe para a sua aparência nem para a sua altura, porque eu o rejeitei. Porque o Senhor não vê como o ser humano vê. O ser humano vê o exterior, porém o Senhor vê o coração.

(1 SAMUEL 16.6-7)

Há tempos, a presença de um rei era motivo de muito respeito e honraria. Poucos súditos tinham acesso à sua corte, e menos ainda intimidade suficiente para conversar com ele. Mais do que um governante, o rei era um símbolo de poder e autoridade, e a oportunidade de servi-lo e até morrer por ele era algo inestimável. Hoje, existem apenas 28 monarquias no mundo — entre elas, algumas que não exercem poderes políticos.[1] Talvez seja esse o motivo pelo qual o temor e a postura em relação a essas autoridades tenham se perdido ou diminuído. E o pior é que uma atitude semelhante a essa é vista hoje na Igreja

---

[1] DEARO, Guilherme. **Saiba quais são as 28 monarquias que ainda existem no mundo.** Publicado por *Revista Exame* em 02/06/2014 e atualizado em 29/07/2019. Disponível em *https://exame.com/mundo/conheca-as-28-monarquias-que-ainda-existem-no-mundo/*. Acesso em janeiro de 2022.

de Cristo, quando pessoas se declaram cristãs sem se submeterem ao senhorio do Rei dos reis.

Infelizmente, somos testemunhas de uma geração em que muitos não compreendem a importância da reverência. Isso faz com que possuam uma aparência de adoradores, mas sejam vazios e rasos por dentro, justificando suas atitudes inadequadas com uma suposta "modernidade espiritual". Em outras palavras, é a tentativa de "atualizar" a Bíblia, adaptando o Evangelho às suas próprias vontades e desejos. No entanto, de Deus não se zomba (cf. Gálatas 6.7) e, quando distorcemos Suas palavras, é isso que fazemos.

> *Precisamos renovar nossa percepção sobre o que é reverência.*

Por essa razão, precisamos renovar nossa percepção sobre o que é reverência e estar atentos à maneira como a adoração tem sido encarada em nosso cotidiano. Em Deuteronômio 11.16, a Palavra diz: "— Tenham cuidado para que não aconteça que o coração de vocês se engane, e vocês se desviem, sirvam outros deuses e se prostrem diante deles". Quantas vezes somos enganados pelo Inimigo e perdemos o foco do culto genuíno?! Pensamos estar adorando o Senhor, quando, na verdade, exaltamos outros deuses. E, para isso, não necessariamente precisamos nos prostrar a uma imagem ou divindade estranha. Nos dias atuais, ídolos diferentes surgiram: personalidades famosas, pessoas queridas, bens materiais ou até os nossos próprios sonhos e objetivos, se colocados acima do que mais importa.

Os reais valores da adoração e a nossa relação com eles precisam ser restabelecidos. Hoje, muito se fala sobre a graça de Deus e o amor de Jesus; e sim, de fato, Ele é o nosso Melhor Amigo. Porém, não podemos tratá-lO como um colega, pois Ele é e sempre será o Senhor dos senhores, o Todo-Poderoso, Criador dos Céus e da Terra. Essa consciência e temor não podem nos abandonar. Como Sua Igreja, devemos retornar ao lugar de rendição e entrega total, dentro e fora do templo, a fim de oferecermos uma adoração que vai muito além de aparências, e realmente agrada ao Senhor.

Portanto, se tem faltado temor e reverência a Deus em sua vida, saiba que, por ser a Noiva amada de Cristo, você deve estar sempre em busca de santidade, a qual está diretamente ligada à adoração (cf. Hebreus 12.14). É certo que só encontraremos perfeição no Senhor, mas há uma diferença entre errar e viver imerso no erro. Precisamos nos dispor constantemente ao aperfeiçoamento n'Ele, confessando nossos pecados e nos arrependendo sempre que vacilarmos. Aliás, a característica de um adorador verdadeiro é agir com humildade, ofertando-Lhe um coração quebrantado e rendido.

> *Precisamos nos dispor constantemente ao aperfeiçoamento n'Ele.*

Em nome de Jesus, declaro que não seremos reféns das aparências, tampouco confundidos por outros deuses que desejam roubar nossa adoração. Ela deve ser voltada exclusivamente ao Pai, com toda a sinceridade do nosso coração e mente. As Escrituras dizem: "[...] retenhamos a graça, pela qual sirvamos a Deus de modo agradável, com reverência e temor" (Hebreus 12.28). O Senhor espera quebrantamento em Sua presença, e procura aqueles que se dispõem a servi-lO sem restrições, reconhecendo Seu reinado eterno.

1. Como você tem se posicionado diante de Deus? Você O tem adorado com suas primícias, o seu melhor? Ele tem sido, de fato, prioridade em seu dia a dia?

2. Ore comigo: "Pai, mostre-me onde estou errando e aju-de-me a melhorar. Quero Lhe entregar o mais sincero louvor, que chegue ao Senhor como cheiro suave e agradável".

3. Reflita se a sua postura em relação à adoração tem sido vazia e automática, ou uma entrega total e verdadeira em todas as horas.

EM NOME DE *Jesus*, declaro QUE NÃO SEREMOS reféns DAS *aparências*.

DEVOCIONAL 12

EM ESPÍRITO
e em VERDADE

Mas vem a hora — e já chegou — em que os verdadeiros adoradores adorarão o Pai em espírito e em verdade. Porque são esses que o Pai procura para seus adoradores. Deus é Espírito, e é necessário que os seus adoradores o adorem em espírito e em verdade.

(JOÃO 4.23-24)

Adorar é amar de maneira extrema, reverenciar, venerar, render culto a algo ou alguém.[1] Forte, não é? E, ao olharmos para as Escrituras, a adoração ganha um sentido ainda mais profundo. Para nós, cristãos, ela deve ser parte constante e crucial do nosso estilo de vida, pois buscamos reconhecer quem Deus é e o que Ele tem feito por nós, retribuindo com aquilo que temos de melhor. É uma maneira de glorificar e honrar Aquele que nos tirou das trevas e nos conduziu para Sua maravilhosa luz (cf. 1 Pedro 2.9).

---

[1] ADORAR. In: DICIONÁRIO Michaelis *on-line*. São Paulo: Melhoramentos, 2022. Disponível em *https://michaelis.uol.com.br/moderno-portugues/busca/portugues-brasileiro/adorar/*. Acesso em janeiro de 2022.

Ainda hoje, muitos entendem que, para adorar o Senhor, é necessário estar em um templo, ou em um "ambiente propício", seguindo determinados ritos e liturgias. Contudo, no capítulo quatro do evangelho de João, a Palavra narra um episódio tremendo, que quebra ideias limitantes de como exaltá-lO.

Enquanto Jesus conversava com uma mulher samaritana, ele foi questionado sobre qual seria o lugar correto para cultuar (cf. João 4.20), visto que, naquela época, os judeus e os samaritanos conflitavam em muitos aspectos, inclusive na maneira de agradar a Deus.[2] Os dois povos buscavam adorar o Senhor, mas, enquanto os judeus faziam isso no templo, em Jerusalém, os samaritanos acreditavam que a adoração deveria ser realizada no monte Gerizim, que consideravam sagrado (cf. Josué 8.31-33).

Conforme a Bíblia relata: "Deus é Espírito, e é necessário que os seus adoradores o adorem em espírito e em verdade" (João 4.24). Por meio dessa declaração, Jesus anunciou um novo modelo de adoração, que flui do interior e não de fatores externos. Sendo assim, ela não está ligada a locais, cargos, classes sociais ou etnias, mas à intenção do coração do Homem e ao reconhecimento do amor do Senhor. Além disso, o Mestre revelou que só é possível adorar de tal maneira quando se conhece a Deus (cf. João 4.22), e, como já vimos antes, é por

Jesus anunciou um novo modelo de adoração, que flui do interior.

---

[2] O capítulo 17 de 2 Reis narra a queda de Israel, o reino do Norte — que estava sob o governo de Oseias, filho de Elá —, diante do império Assírio. Nesse período, Samaria foi ocupada por estrangeiros, o que resultou na mistura de povos e, por conseguinte, no sincretismo de práticas pagãs e judaicas, enquanto Judá preservou seus costumes, não se misturando com outras etnias. Esse é um dos motivos que justificam o conflito entre judeus e samaritanos.

meio da oração, da meditação na Palavra e do jejum que O conheceremos cada vez mais.

Então, querido leitor, um verdadeiro adorador sabe que depende do Criador (cf. 1 Crônicas 29.14), entende que somente Ele deve ser reverenciado (cf. Êxodo 20.3-4) e compreende que a adoração não está vinculada a templos, uma vez que somos morada do Espírito Santo (cf. 1 Coríntios 3.16). Também exerce sacerdócio santo (cf. 1 Pedro 2.5) e presta cultos racionais, oferecendo-se como sacrifício agradável a Deus (cf. Romanos 12.1). Além disso, expressa seu amor em obediência (cf. João 14.21) e sabe que, quando nos conectamos com o Senhor, somos moldados de acordo com a Sua vontade, e voltamos a ser conforme Sua imagem e semelhança (cf. Gênesis 1.26-27).

> *Um verdadeiro adorador sabe que depende do Criador.*

Uma vida que reflete Jesus em tudo é fruto da adoração autêntica. Que esse entendimento recaia sobre sua mente e que o Senhor encontre em você o que Ele procura: alguém que O ame em espírito e em verdade.

1. Hoje, encorajo você a orar por mais revelação do amor do Senhor e a passar um tempo refletindo a respeito de tudo o que Deus significa para você.

2. Em seguida, peça que o Espírito Santo mostre o que ainda precisa ser renovado em sua mente e em seus dias para que você O adore de forma genuína.

3. Por fim, num ato profético, deixe tudo isso aos pés da cruz e declare um romper sobrenatural sobre a sua vida.

UMA VIDA QUE reflete
Jesus em tudo
É FRUTO DA ADORAÇÃO
autêntica.

DEVOCIONAL 13

QUAIS SÃO *as* FORMAS *de* ADORAR?

Todo ser que respira louve o Senhor. Aleluia!
(SALMOS 150.6)

Fomos criados para adorar o nome do Senhor, que nos fez à Sua imagem e semelhança (cf. Gênesis 1.27) para o louvor da Sua glória (cf. Efésios 1.12). Seres humanos e todas as demais criaturas que existem sobre a face da Terra devem exaltar o Criador, e há muitas maneiras de se fazer isso. Ele mesmo Se manifesta de diferentes formas e, ao percebê-las, logo somos impulsionados a honrá-lO com louvores, gratidão e devoção.

No entanto, só conseguimos adorá-lO quando estamos atentos aos detalhes de nosso cotidiano. Certo dia, meus filhos e eu vimos uma borboleta em nosso quintal e, por algum motivo, ela estava escondida. Nós nos aproximamos até ficarmos bem pertinho dela; comecei a analisar cada uma de suas cores e a louvar o Senhor, dizendo: "Meu Deus, como Tu és perfeito!". Um bichinho, que em poucas semanas não existiria mais, parecia ter sido pintado à mão, de forma excelente e detalhada. Observávamos os desenhos de suas asas, feitos com grande perfeição. Esse é um exemplo de como podemos adorá-lO: apreciando Suas obras, reconhecendo e enaltecendo, por meio delas, quem Ele é.

Uma outra maneira de exaltá-lO é louvando, independentemente das circunstâncias, assim como Paulo e Silas fizeram quando estavam na prisão. A Palavra nos diz que, perto da meia noite, enquanto eles oravam e entoavam hinos a Deus, repentinamente sobreveio um grande terremoto. Como consequência, os alicerces dos cárceres se moveram, as portas se abriram e todos foram soltos (cf. Atos 16.25-26).

Também podemos adorar o Senhor com nosso quebrantamento e entrega, fazendo como aquela mulher que, ao saber onde Jesus estava, foi ao Seu encontro com um vaso de alabastro cheio de perfume; após lavar Seus pés com as próprias lágrimas e enxugá-los com seus cabelos, derramou a essência sobre o Mestre. Para as pessoas ali presentes, o que ela fez parecia absurdo, porém o Senhor apreciou sua atitude (cf. Mateus 26.6-13; Lucas 7.36-50). A mulher de Betânia reconhecia-se pecadora, e queria expressar sua admiração por Cristo, pois compreendia que Ele valia muito mais que um frasco de perfume caro. Ainda que tenhamos limitações, é lindo perceber que podemos honrar o Senhor com o que há em nossas mãos.

> *Só conseguimos adorá-lO quando estamos atentos aos detalhes de nosso cotidiano.*

É certo que, durante a caminhada, esbarraremos em dificuldades emocionais, físicas ou financeiras, mas não há desculpas para não exaltá-lO; Sua presença vale qualquer esforço ou sacrifício. Recentemente, meu pastor contou uma das experiências que teve ao visitar o continente africano, onde viu pessoas que não tinham dinheiro sequer para pegar condução até um templo. Ainda assim, dispunham-se a caminhar por horas, sem comer ou beber, para prestar culto ao Senhor com a congregação. Ao chegarem ao ajuntamento, cansados fisicamente, tinham suas forças restauradas; pulavam muito mais do que nós — que entramos e saímos confortavelmente das igrejas em que congregamos —, e gritavam: "Só o Senhor é Deus!".

Essas pessoas chegaram a dormir no chão do templo para participar de um evento de três dias que ocorreu por lá; abriram suas esteiras e deitaram ali mesmo. Não precisavam de recompensas materiais. Para elas, bastava estarem vivas na presença do Criador. Esse acontecimento nos revela a necessidade de despertarmos e refletirmos sobre como temos nos apresentado diante d'Ele. Devemos abandonar velhos hábitos de murmuração e render ao Senhor louvores sinceros, assim como esses irmãos fizeram.

Sua presença vale qualquer esforço ou sacrifício.

Talvez você possa adorar a Deus com ofertas, com a voz erguida em louvor, através da excelência em seu trabalho ou estudos e até ao servir sua família. Seja como for, não perca mais tempo! Hoje, quero desafiá-lo a repensar seu dia e pedir ao Senhor: "Ajude-me a não murmurar. Quero adorá-lO em todo tempo, de todas as maneiras possíveis, independentemente das circunstâncias!".

1. Você entende que pode adorar a Deus de diferentes maneiras? Que tal tentar algo novo hoje?

2. Ao longo do dia, pare para admirar ao menos três obras do Criador e, reconhecendo Suas marcas nelas, honre-O.

3. Separe um tempo, hoje mesmo, para cantar e louvar ao Senhor. Vá para um lugar tranquilo e quebrante-se diante d'Ele.

Quero adorá-lO
**EM TODO tempo,
DE TODAS AS MANEIRAS
possíveis!**

DEVOCIONAL 14

ADORANDO com a MINHA VIDA

Quem anda na retidão teme o Senhor, mas o que anda em caminhos tortuosos, esse o despreza.

(PROVÉRBIOS 14.2)

Somos chamados para adorar a Deus com tudo o que há em nós, e isso exige esforços, pois se trata de uma entrega ativa, em que buscamos níveis mais profundos de rendição a Ele todos os dias — com pensamentos, falas, sentimentos e intenções. A Palavra nos revela que, para cultivarmos uma vida de adoração, é preciso que nosso caráter e nossas ações sejam condizentes com Aquele a quem servimos (cf. 1 Pedro 1.14-16). Por isso, não podemos viver em louvor ao Senhor enquanto existe inveja, orgulho, competição ou qualquer outro tipo de carnalidade em nossos corações.

Em Gálatas 5.16-21, lemos sobre as obras da carne e como elas não devem fazer parte de nossas vidas, uma vez que somos guiados pelo

Espírito Santo. Se desejamos oferecer a Deus uma adoração que O agrada, devemos nos atentar e lutar contra a natureza pecaminosa, pois, se cedermos a ela, nós nos encontraremos divididos e em completa desobediência ao Pai. Por essa razão, hoje, quero aconselhá-lo a limpar seu coração, lançando para longe os empecilhos e rendendo ao Senhor uma adoração que sobe às Suas narinas como aroma suave (cf. Gênesis 8.21).

Nosso relacionamento com o Pai não pode limitar-se ao ato de ir à igreja semanalmente e cantar louvores, ignorando a necessidade de uma vida de retidão. Adotando essa rotina rasa, seremos bem vistos pelos demais e pareceremos bons adoradores, já que louvamos em meio à congregação. Mas, certamente, seremos hipócritas diante de Deus, que tudo vê. Por isso, precisamos orar sem cessar e caminhar em santidade. Por vezes, batalharemos contra as investidas do Diabo e contra nossa própria carne, a fim de nos mantermos firmes. Porém, estando vigilantes, consagrando-nos e nos rendendo ao Seu senhorio, não cairemos em tentação (cf. 1 Tessalonicenses 5.17-23).

> *A vida de adoração deve ser mantida em todos os ambientes em que estivermos.*

Como exemplo acerca da vida de adoração — que deve ser mantida em todos os ambientes em que estivermos —, quero lhe contar um testemunho pessoal. Sempre que estou prestes a sair de casa, seja para gravar um vídeo ou simplesmente fazer compras com meus filhos, olho-me no espelho e pergunto ao Espírito Santo se aquela roupa está adequada e se estou glorificando-O com minhas vestes. Entendo que o Senhor é quem dita a forma que tenho de me portar e me apresentar, dentro da igreja ou em qualquer outro lugar, porque se digo que O amo em canções, também devo viver esse amor honrando-O em tudo o que sou e faço.

Muito além de declarações cheias de emoção feitas durante cultos em sua igreja, o Pai o chama para oferecer um culto racional, entregando a Ele tudo o que você é como sacrifício vivo (cf. Romanos 12.1). O

Senhor deseja que você seja alguém que O ama através de cada atividade realizada. Eu, por exemplo, faço *crossfit*, e sei como é bom cuidarmos de nossos corpos; porém, lá na academia, permaneço em minha postura de serva de Deus, da mesma forma que faço em minha igreja. Sei que as músicas que tocam lá têm letras inadequadas, por isso sempre peço que meus ouvidos sejam bloqueados, de modo que eu não seja influenciada por elas e que, em todo o tempo, meus pensamentos estejam ligados aos d'Ele.

Assim também devemos avaliar nossas falas cotidianas. É como costumo dizer para meu filho: "A sua boca adora a Deus, então dela não podem sair palavras que entristeçam o coração d'Ele!". A Bíblia diz que não é possível fluir água amarga e doce de uma mesma fonte (cf. Tiago 3.10-12). Outro cuidado que precisamos ter é com nossa postura nas redes sociais, afinal podemos honrar ou desagradar ao Senhor com o modo e a intensidade que nos expomos. Essas mídias são um território fértil para que você testemunhe a Verdade, adorando o Senhor com suas publicações. Então, ao invés de enviar "indiretas" para alguém, mande uma mensagem direta, falando da Palavra de esperança.

É possível viver no mundo natural e ser completamente espiritual. Glorifique o Pai com palavras de gratidão, louvores e ações cotidianas, seja perante as pessoas ou no secreto. Aceite o chamado que Deus tem feito para esta geração, que é viver consagrada, mergulhada em Seu poder e, genuinamente, rendida a Ele. A partir de hoje, enxergue-se como o adorador que o Pai o convocou para ser. Escolha a santidade e entregue tudo o que existe em seu coração. Posicione-se para viver coisas novas e levantar um altar de adoração, sendo um sacrifício vivo Àquele que o ama. Que, através de você, o Santo Espírito de Deus seja manifestado às pessoas que o rodeiam, com amor, paz, vida e esperança.

> *Não é possível fluir água amarga e doce de uma mesma fonte.*

1. Peça ao Pai que lhe dê ainda mais temor e, ao realizar suas escolhas diárias, atente-se à Sua voz, que o conduz em toda verdade.

2. Como tem sido a sua fala no meio dos seus amigos? Eles o reconhecem como uma fonte de amor e vida, ou como alguém que "jorra águas amargas"?

3. O que você pode fazer hoje para encontrar níveis mais profundos em sua vida de adoração?

Enxergue-se COMO O ADORADOR que o Pai o CONVOCOU PARA SER.

DEVOCIONAL 15

QUALQUER PESSOA PODE *ser um* MINISTRO *de* ADORAÇÃO?

> *Depois de se aconselhar com o povo, Josafá designou os que deveriam cantar ao Senhor. Vestidos de ornamentos sagrados e marchando à frente do exército, deveriam louvar a Deus, dizendo: "Deem graças ao Senhor, porque a sua misericórdia dura para sempre".*
>
> **(2 CRÔNICAS 20.21)**

Os momentos de adoração são essenciais em nossas vidas, pois neles contemplamos a glória do Senhor e exaltamos quem Ele é. Nos cultos, desfrutamos de Sua maravilhosa presença em comunhão, o que nos impulsiona a crescermos em fé e a abrirmos espaço para o sobrenatural acontecer (cf. Salmos 133). Desse modo, entendemos que todos nós fomos chamados para ministrar ao Rei dos reis com cânticos, sendo líderes de louvor ou não.

Ainda assim, as Escrituras nos revelam que Ele convoca cada um de nós para exercer algo específico em Seu Reino; alguns foram escolhidos para serem profetas, outros para serem pastores, apóstolos, evangelistas e mestres (cf. Efésios 4.11). Seja nos bastidores ou no púlpito, na igreja ou além de suas quatro paredes, nosso papel como filhos e filhas de Deus é engrandecer Seu nome. Nesse sentido, existem pessoas que foram chamadas para não somente adorar o Senhor em secreto e junto aos irmãos na igreja, mas para liderar o Corpo de Cristo nos momentos coletivos de louvor. Desde o Antigo Testamento, o Senhor separa servos para, com o dom da música, exaltar Seu nome (cf. 1 Crônicas 25.1-7).

> *Nosso papel como filhos e filhas de Deus é engrandecer Seu nome.*

Esse chamado não é mais importante que os demais, mas podemos dizer que os ministros de louvor são valiosos para a Igreja. Como Paulo afirmou, o Corpo é feito de muitas partes, e todas são necessárias para seu perfeito funcionamento (cf. Romanos 12.4-8). Os líderes de adoração conduzem a Igreja a experimentar novos níveis na presença do Pai, levando a congregação a entoar cânticos e fluir em um só Espírito. A partir disso, todos os membros podem voltar a esse lugar no seu dia a dia, buscando a face de Deus em secreto, ao passo que já experimentaram o derramamento da Sua glória coletivamente.

Assim, compreendemos a relevância desses ministros em nossas vidas, já que, à medida que nos rendemos em e nos conectamos ao coração do Pai, que deseja trazer cura, salvação e libertação, vivemos experiências inimagináveis somente por declararmos quem Ele é.

Uma incrível história da Bíblia que expressa o poder existente na adoração é narrada em 2 Crônicas 20. Nesse contexto, o Senhor disse que entregaria a vitória ao Seu povo. Então, quando os israelitas tomaram posição e começaram a louvar, Ele fez emboscadas para que seus inimigos caíssem em derrota. Esse relato deve nos inspirar, afinal, assim como na comunidade de Israel existia uma cultura de adoração que trazia a manifestação de Deus, o mesmo pode acontecer por meio da Igreja de Cristo hoje.

Eu mesma já vivi vitórias milagrosas ao adotar essa postura. Uma delas se deu em uma visita que fiz a um hospital, participando do projeto Sou Humano.[1] Na área infantil, minha equipe encontrou uma criança que estava chorando muito, pois sentia fortes dores. Diante daquela situação, nosso coração se quebrantou profundamente, então começamos a adorar o Senhor e orar por aquela pequenina. Chegando perto dela, impusemos as mãos e clamamos de forma intensa por sua cura, cantando a canção *Eu sei que não estou só*.[2] Depois disso, ela parou de chorar e a dor a deixou. Naquele momento, entendi que, através do louvor, o alívio, a restauração e a paz chegaram ao quarto do hospital. Estávamos em concordância como Igreja, erguendo adoração ao Senhor, e Ele derramou cura.

Portanto, seja em secreto, no templo ou onde quer que seja seu "campo de batalha", exalte o Senhor. Independentemente da função que você desempenha em sua igreja local, a sua realidade deve ser de constante adoração. Mas se você possui talentos musicais e seu coração arde pelo ministério de louvor, é possível que Deus o esteja chamando para atuar nessa área. A partir de hoje, meu querido, peça ao Espírito Santo que lhe revele qual é a forma de adoração que Ele espera de você e, estando no altar ou não, dê o seu melhor! Ele é merecedor de todas as nossas palavras, canções e de todo o nosso coração.

> *Através do louvor, o alívio, a restauração e a paz chegaram.*

---

[1] Projeto liderado por Bruna Karla, que consiste em visitar escolas, orfanatos e hospitais periodicamente para falar do amor de Deus, além de arrecadar alimentos e brinquedos para doar aos que necessitam.

[2] FREIRE, Anderson. **Eu sei que não estou só**. Intérprete: Bruna Karla. *In*: Bruna Karla. *Com os olhos da fé*. Rio de Janeiro: MK Music, 2007. 1 álbum, faixa 3 (58 min.).

1. Você já experimentou ou testemunhou uma manifestação de cura por meio da adoração? Ao se deparar com uma situação de enfermidade, adore e declare cura com ousadia.

2. Se você sente que o Senhor está o chamando para o ministério de louvor, ou se já faz parte dele, clame por mais de Sua glória para direcionar o Corpo de Cristo a alcançar novos níveis em Sua presença.

3. No secreto, passe um tempo engrandecendo o nome do Senhor com suas palavras.

A SUA *REALIDADE* deve ser de CONSTANTE *adoração.*

DEVOCIONAL 16

ADORANDO com OUSADIA

> *Portanto, meus irmãos, tendo ousadia para entrar no Santuário, pelo sangue de Jesus, pelo novo e vivo caminho que ele nos abriu por meio do véu, isto é, pela sua carne, e tendo um grande sacerdote sobre a casa de Deus, aproximemo-nos com um coração sincero, em plena certeza de fé, tendo o coração purificado de má consciência e o corpo lavado com água pura.*
>
> **(HEBREUS 10.19-22)**

Sim, meus irmãos, a morte de Jesus na cruz mudou a nossa história para sempre. Como a passagem citada nos revela, a partir de Seu maravilhoso sacrifício, passamos a desfrutar de um novo e vivo caminho, que nos conduz a um nível mais profundo de intimidade com o Pai. Pense nos cultos ou reuniões de adoração. Neles, erguemos louvores ao Senhor e somos livres para admirar Sua majestade, entoando lindas canções. São momentos extraordinários em que contemplamos um grande derramamento da Sua glória, e Sua presença se faz nítida no ambiente. Isso se tornou possível a partir do momento em que o véu do templo se rasgou, com a entrega incomparável de Cristo (cf. Mateus 27.51).

No Antigo Testamento, havia uma sala dentro do Templo, chamada de Santo dos Santos, onde permanecia a Arca da Aliança — o lugar da presença de Deus (cf. Êxodo 25.10-22; Hebreus 9.3-4). Naquele tempo, somente o sumo sacerdote podia adentrar ali, uma vez ao ano, para fazer o sacrifício pelos pecados de Israel (cf. Hebreus 9.7). Agora, porém, temos livre acesso ao Santíssimo Lugar, pois fomos lavados com o sangue de Jesus, remidos e reconciliados com o Pai (cf. Hebreus 9.11-15).

Sabendo disso, podemos não apenas reverenciar a beleza da santidade do Senhor nos cultos ou no secreto, mas a qualquer momento de nossos dias, uma vez que estamos rendidos em adoração. Manter esse posicionamento é algo poderoso, porque quando tomamos posse dessa verdade e confiamos na Palavra, que diz que o caminho já foi aberto para nós (cf. Hebreus 10.19-20), o sobrenatural é liberado em nossas vidas, e passamos a manifestá-lo.

Certa vez, pude testificar essa verdade ao experimentar cura em minha alma. Sempre que precisava viajar de avião, sentia um medo tremendo. Esse problema durou muitos anos e, como minha profissão e ministério exigem que eu viaje constantemente, deparei-me com uma síndrome de ansiedade terrível, que marcava meus dias. Todas as vezes em que eu entrava em um avião, meu coração disparava, tinha vontade de chorar e sair correndo.

Agora, porém, temos livre acesso ao Santíssimo Lugar.

Aquilo me deixava muito triste, pois não conseguia vencer a tribulação. Então, um dia, fiz um propósito com Deus assim que entrei em uma aeronave. Comecei a clamar e adorar em meu coração, pedindo para que toda a angústia e pavor fossem embora. Em meu espírito, acessei o Santo dos Santos com a certeza de que ali encontraria Aquele que transformaria meu interior. E o louvor que tocava em meus fones de ouvido me ajudava a repetir: "Eu sei que o Senhor me ama, eu sei que o Senhor me ama".

Por mais que não pudesse cantar em voz alta naquele momento, eu estava adorando em pensamento, e, antes mesmo de o avião decolar, adormeci. Sonhei que entrava em uma aeronave e, ao passar pelo piloto, não conseguia olhar seu rosto, apenas suas costas. Ao mesmo tempo, ouvia uma voz que me dizia: "Está vendo esse piloto? É o melhor. No voo em que está, tudo dá certo, pois é o piloto mais admirável que existe. Sabia que Ele está no nosso voo? Sabia que Ele está presente em todos os seus voos?". Continuei olhando para Ele enquanto meu coração se enchia de alegria. De repente, acordei e percebi que me encontrava dentro do avião, ainda sem decolar. Naquele momento, tive a convicção da minha cura.

Adentrar o lugar da presença do Senhor e entregar-Lhe uma adoração pura, mesmo em meio a tribulações, faz-nos viver coisas tremendas. Que sejamos ousados ao elevarmos canções e palavras de adoração no Santuário, contemplando a perfeição do nosso Deus. Então, não perca mais tempo. O acesso nos foi dado, não é mais necessário ficarmos do lado de fora, esperando por um mediador humano; Cristo intercede por nós (cf. Romanos 8.34). Por essa razão, podemos — e devemos — adorá-lO de maneira pessoal e constante. Corra em direção à Sala do Trono e se lance aos pés do Senhor onde estiver.

> *Podemos — e devemos — adorá-lO de maneira pessoal e constante.*

1. Você tem entrado no Santo dos Santos com ousadia em sua adoração?

2. Peça ao Espírito que sonde seu coração e mostre se nele há resquícios de culpa ou medo. Em seguida, clame para que Ele os remova de uma vez por todas.

3. Exalte o Senhor em seus pensamentos durante qualquer momento, seja enquanto está limpando a casa, esperando o ônibus, ou cozinhando. Aproveite o privilégio de poder se aproximar do Seu trono e louvá-lO.

CORRA EM DIREÇÃO *à Sala do Trono* E SE **LANCE** AOS *pés do Senhor* onde estiver.

DEVOCIONAL 17

CANTAR *é o* MESMO QUE ADORAR?

> *No terceiro dia, Abraão ergueu os olhos e viu o lugar de longe. Então disse aos servos:*
> *— Esperem aqui com o jumento. Eu e o rapaz iremos até lá e, depois de termos adorado, voltaremos para junto de vocês.*
> **(GÊNESIS 22.4-5)**

Não é difícil encontrarmos quem acredite que, se não sabe cantar ou tocar algum instrumento, não é capaz de exaltar a Deus de forma plena. Sim, o Senhor nos deu a música como uma das diversas maneiras de adorá-lO, mas, como expliquei antes, o mais importante não é o modo como escolhemos fazer isso, e sim a integridade de nosso caráter e devoção (cf. Isaías 29.13-14). Seja por meio das artes, do serviço, ou de atitudes diárias, louvar com tudo o que somos é a melhor maneira de expressarmos amor e honra ao Pai.

Frequentemente ouço frases como: "Se eu tivesse uma voz igual à sua, também poderia adorar a Deus assim". Porém, a realidade é que adoração não é sobre música, trata-se de reconhecer a grandeza e a soberania d'Ele em tudo o que fazemos (cf. 1 Crônicas 16.25). Esse é o Seu desejo, e é isto que devemos perseguir: uma vida de comprometimento radical com o Senhor.

Quando Abraão passou pelo que, provavelmente, foi a maior provação de sua vida, disse aos seus servos que subiria o monte com o seu filho para oferecer sacrifícios a Deus (cf. Gênesis 22.4-5). Com o coração totalmente quebrantado, ele O adorou sem que nenhuma música tivesse saído de seus lábios, prontificando-se a entregar o que mais lhe custaria — a vida de seu filho prometido. Sua atitude mostrou ao Pai, e a todos que ainda hoje leem esse relato, que ele O amava acima de todas as coisas. A fidelidade e obediência de Abraão compuseram a melhor e maior expressão de adoração que ele poderia realizar.

> *O mais importante é a integridade de nosso caráter e devoção.*

Deus não só deseja, mas merece que Lhe entreguemos o melhor que existe em nós (cf. Salmos 29.2). A Palavra afirma que se distribuíssemos todos os nossos bens entre os pobres e entregássemos nossos próprios corpos para serem queimados, sem amor, nenhum proveito haveria (cf. 1 Coríntios 13.3). Isso expressa algo significativo sobre a verdadeira essência da adoração: ela está intimamente ligada à intenção do nosso coração.

Portanto, cantar e adorar não são a mesma coisa. Inclusive, é possível entoarmos lindos cânticos, com uma afinação impecável, sem adorá-lO verdadeiramente. Por outro lado, podemos fazer coisas simples do cotidiano, como limpar a casa e preparar uma refeição para nossos pequenos e, com isso, enaltecer o Senhor.

> *A adoração é sobre reconhecer a grandeza e a soberania d'Ele em tudo que fazemos.*

É muito bom O exaltarmos com canções, tanto é que a Palavra está repleta de passagens que nos instruem a fazer justamente isso, entoando cânticos com alegria (cf. 1 Crônicas 16.8-10; Salmos 96; Isaías 24.14-15). Devemos, sim, louvá-lO com nossa voz, mas necessitamos, sobretudo, entender que o que realmente importa é ter o nosso coração contrito em Sua presença, a fim de glorificá-lO de forma legítima, e não com palavras vazias. Para você, cantar talvez não seja algo fácil ou confortável, mas hoje quero dizer que o Senhor tem prazer em ouvi-lo rendido em sincera adoração!

1. Você se lembra de qual foi a sua maior expressão de adoração a Deus até hoje? Que tal pensar em uma maneira de Lhe oferecer algo ainda melhor?

2. Assim como Abraão, você estaria pronto para sacrificar o seu bem mais precioso ao Senhor? Reflita.

3. Declare a soberania do Rei sobre a sua vida; reconheça-O em cada um de seus passos, e Ele endireitará suas veredas (cf. Provérbios 3.6).

O Senhor
TEM *PRAZER* EM
OUVI-LO RENDIDO EM
sincera
adoração!

DEVOCIONAL 18
UM BOM PRESENTE

Com que me apresentarei ao Senhor e me inclinarei diante do Deus excelso? Virei diante dele com holocaustos, com bezerros de um ano?
(MIQUÉIAS 6.6)

Você já foi presenteado por uma pessoa próxima e, ao abrir o pacote, cheio de expectativas, não encontrou algo que lhe agradasse? Talvez estivesse esperando por alguma coisa especial que de fato combinasse com você. Não me entenda mal, é claro que devemos ser sempre gratos ao ganhar presentes. Mas a verdade é que, no fundo, queremos que se preocupem em nos agradar, assim como Miquéias, na passagem acima, que demonstra anseio por ofertar aquilo que o Senhor deseja.

Meu coração se enche de alegria quando vejo meu filho de oito anos zelar por detalhes do nosso dia a dia. Às vezes ele me pergunta: "Mãe, você quer um copo d'água?", e se prontifica a pegar uma água gelada para mim, pois sabe que gosto disso. Pode parecer algo simples, porém fico emocionada com o fato de ele se preocupar e se dispor a me ajudar. Esse é só um exemplo das coisas que o Benjamin faz para me agradar e surpreender, e que tocam meu coração.

O Senhor espera um posicionamento semelhante de nós! Ele deseja que ofertemos algo precioso a Ele. Não qualquer coisa que vier à nossa mente, mas um presente que demonstre todo o apreço que temos por Ele e a nossa disposição em servi-lO. Na Sua Palavra, encontramos diversos direcionamentos quanto a isso; no mesmo capítulo de Miquéias, por exemplo, lemos algo que o Senhor nos pede para fazer: "[...] Que pratique a justiça, ame a misericórdia e ande humildemente com o seu Deus" (Miquéias 6.8).

> *O Senhor deseja que Lhe ofertemos algo precioso.*

Quando alguém nos presenteia com uma coisa da qual realmente gostamos, percebemos a importância que é atribuída ao relacionamento. Observe o exemplo de Caim e Abel: Caim dedicou a Deus apenas um fruto da terra (cf. Gênesis 4.3), e o contexto me leva a entender que não houve muito empenho de sua parte para prepará-lo. Por outro lado, Abel ofereceu as primícias do seu rebanho (cf. Gênesis 4.4).

Vejo que essas diferentes ofertas revelam muito sobre o coração de cada um. O sacrifício de Abel mostrou seu cuidado e dedicação em agradar a Deus, expressando que sua relação com Ele era valiosa. Por isso, tomou suas primícias, ou seja, a melhor parte de seu trabalho e esforço, e entregou a Ele.

> *O sacrifício de Abel mostrou seu cuidado e dedicação em agradar a Deus.*

Querido irmão, empenhe-se sempre em satisfazer as expectativas e desejos do Senhor, os quais são descobertos com a leitura da Palavra e o desenvolvimento de um relacionamento com Ele. Assim, será possível oferecer excelentes sacrifícios de amor, a fim de adorá-lO verdadeiramente.

1. Que tipo de oferta você tem apresentado ao Pai? Algo qualquer ou o melhor que possui?

2. Pesquise três versículos que expressam os desejos do Senhor e escreva-os em um lugar visível.

3. Atente-se às passagens bíblicas que você encontrou e procure agir conforme elas o instruem.

Empenhe-se
SEMPRE EM SATISFAZER AS EXPECTATIVAS E DESEJOS *do Senhor!*

DEVOCIONAL *19*

COMO USAR O MEU DOM *para* ADORAR *a* DEUS?

> *E Saul disse aos seus servos: — Então procurem um homem que saiba tocar bem harpa e tragam-no para cá. Um dos moços disse: — Conheço um filho de Jessé, o belemita, que sabe tocar harpa. Ele é forte e valente, homem de guerra, fala com sensatez e tem boa aparência; e o Senhor Deus está com ele. Saul enviou mensageiros a Jessé, dizendo: — Mande-me o seu filho Davi, aquele que está com as ovelhas.*
> **(1 SAMUEL 16.17-19)**

Cada um de nós tem ao menos um dom, algo precioso que nos foi dado para que o nome do Senhor seja glorificado. Sempre que reflito sobre isso, lembro-me de Davi, que foi um homem de muitas habilidades. Gosto de pensar, especialmente, em sua capacidade de exaltar a Deus por meio da música.

Sua história se entrelaçou com a de Saul justamente quando este procurava por alguém que soubesse tocar bem a harpa (cf. 1 Samuel 16.14-17). Por ter sido chamado para se apresentar ao rei, imagino que

Davi tenha sido um excelente músico. É provável que ele tenha dedicado bastante tempo treinando e desenvolvendo seu talento em secreto antes de chegar a um nível de destaque.

Após ouvir a indicação de seus servos, Saul mandou um mensageiro a Jessé, pedindo que seu filho mais novo fosse ao palácio. A Bíblia relata que: "[...] Saul gostou muito dele e fez dele o seu escudeiro. Saul mandou dizer a Jessé: — Deixe que Davi fique aqui, pois alcançou favor diante de mim" (1 Samuel 16.21-22).

Além disso, a Palavra afirma que, sempre que uma opressão vinha sobre o rei, Davi tocava o instrumento, e o espírito maligno se retirava (cf. 1 Samuel 16.23). Querido, perceba que ele não apenas era talentoso, mas também movia o sobrenatural com sua adoração. Isso foi o mais importante, afinal era fruto de seu relacionamento com o Senhor — construído ao longo do tempo que dedicou para exaltá-lO —, e da unção — que servia a um propósito específico. Quando somos ungidos para algo, temos graça diante de Deus e dos homens para exercer nosso dom de modo diferenciado, trazendo cura, salvação e libertação, segundo o Seu poder operando em nós (cf. Efésios 3.20).

> *Não podemos abandonar nossa vida de oração e adoração.*

É por isso que não podemos abandonar nossa vida de oração e adoração. Devemos servir com coração íntegro e espírito voluntário, assim como Davi (cf. 1 Crônicas 28.9). Para isso, é necessário que estejamos conectados ao Pai, pois, ao ouvirmos Sua voz, Ele nos guiará ao cumprimento de Seus propósitos, já que nos ungiu para isso. Então, acima de todas as coisas, precisamos manter nosso relacionamento com o Senhor para que Sua presença seja nítida onde quer que nos encontremos.

Davi fazia exatamente isso, e permaneceu comprometido, não apenas no palácio, mas também nas outras atividades que lhe haviam sido confiadas. As Escrituras reforçam que ele "[...] ia a Saul e voltava, para apascentar as ovelhas de seu pai, em Belém" (1 Samuel 17.15). Aprendo com ele que devemos nos manter posicionados, honrando tudo aquilo que o Senhor colocar em nossas mãos. Veja que, até mesmo depois da vitória contra Golias (cf. 1 Samuel 17.38-50), quando o rei teve uma crise de raiva por conta do espírito mau, Davi não deixou de dedilhar a harpa (cf. 1 Samuel 18.10).

Ao ouvirmos Sua voz, Ele nos guiará ao cumprimento de Seus propósitos.

Podemos tomar esse poderoso exemplo para entender que, se quisermos usar nossos dons em adoração ao Senhor, temos de desenvolvê-los e praticá-los com zelo; usá-los para servir a quem necessita, conforme Ele nos direciona, e trazer a manifestação de Sua presença. Cabe a cada um de nós utilizar as habilidades que o Pai nos confiou e, principalmente, ser aqueles que andam com Deus de forma constante e intensa, expressando Seu amor e gerando transformação em todos que testemunham o exercício de nossos talentos.

1. Você entende a necessidade de desenvolver suas habilidades ao mesmo tempo em que cultiva um relacionamento com Deus?

2. Monte um cronograma para treinar seus dons de forma constante, considerando como isso pode refletir aquilo que você vive no secreto com o Pai.

3. Apresente-se diante do Senhor com coração íntegro e espírito voluntário, e atente-se às oportunidades que Ele lhe proporciona para exercer suas aptidões.

CABE A CADA UM de nós UTILIZAR as habilidades QUE O *PAI* NOS CONFIOU.

DEVOCIONAL 20

SENDO *um* BOM MORDOMO

> *Aproximando-se o que tinha recebido cinco talentos, entregou outros cinco, dizendo: "O senhor me confiou cinco talentos; eis aqui outros cinco que ganhei." O senhor disse: "Muito bem, servo bom e fiel; você foi fiel no pouco, sobre o muito o colocarei; venha participar da alegria do seu senhor".*
>
> **(MATEUS 25.20-21)**

Cada um de nós nasceu com certas habilidades dadas pelo Senhor. Ao usá-las com excelência, conforme Seu propósito para nossas vidas, entregamos uma das mais puras formas de adoração a Ele. Contudo, muitos se esquecem disso e aplicam seus dons para outras coisas. Seja por timidez, falta de interesse ou incentivo, enterram o que lhes foi confiado, vivendo distante dos sonhos de Deus. Há também aqueles que iniciam a caminhada alinhados ao coração do Pai, só que depois passam a usar seus talentos para atender a interesses próprios.

Outros, ainda, ao utilizarem suas habilidades para transmitir apenas o amor, a graça, bem como a beleza de Deus e de Sua criação, esquecem-se de pregar a Palavra que confronta e transforma. Querido, devemos anunciar a Verdade por completo e proclamar o Reino dos Céus, pois o Senhor está voltando e deseja ver mudança de vida em nós (cf. Marcos 1.15). Só nos tornaremos bons servos quando apresentarmos os nossos frutos.

Deus espera que sejamos mordomos fiéis, fazendo o uso adequado de nossas aptidões, investindo tempo e esforço para multiplicá-las e engrandecer o Seu nome. Esse é o princípio da mordomia, que se manifesta quando aplicamos os talentos que o Senhor nos deu para comunicar quem Ele é. Afinal, fomos feitos à Sua imagem e semelhança (cf. Gênesis 1.26), então todas as nossas ações devem expressar Sua mente e coração. Vivemos para adorá-lO, independentemente das nossas capacidades individuais.

Por isso, não enterre o que o Pai deixou aos seus cuidados. Não deixe que a timidez ou falta de instrução adequada o impeça de manifestar a glória d'Ele. Faça a sua parte e ore para que o Senhor traga provisão e, assim, você desenvolva os seus dons. Não os use simplesmente para agradar os outros, mas para fazer a diferença no seu meio e compartilhar o Evangelho do Reino, influenciando os demais a viverem uma vida de consagração genuína. O Senhor está nos despertando a viver algo tremendo, adorando-O verdadeiramente com tudo o que temos e somos.

> *Só nos tornaremos bons servos quando apresentarmos os nossos frutos.*

1. Os talentos e habilidades confiados a você têm servido seus próprios interesses ou são usados para adorar a Deus?

2. Peça ao Senhor por intrepidez para que você se dedique ousadamente a multiplicar seus talentos, lançando fora toda a timidez.

3. Acompanhe e peça conselhos a pessoas que têm dons parecidos com os seus. Busque aplicá-los de forma sábia em sua vida e esteja sempre disposto a ouvir novos testemunhos e experiências que o inspirem.

NÃO ENTERRE o que o Pai **DEIXOU AOS SEUS** *cuidados.*

CONSELHOS *da* BRUNA

Adoração

Depois de dez dias nos aprofundando no tema da adoração, compreendemos que ela é, acima de tudo, um estilo de vida a ser adotado por todo cristão. Por isso, não se esqueça de que:

1. Deus não deseja *performance*, mas sinceridade de coração. Quebrante-se, seja intencional e invista tempo em conhecê-lO; só assim você se tornará um verdadeiro adorador.

2. É necessário estar vigilante! Não permita que a idolatria tenha espaço em sua vida. Que seu coração seja completamente rendido ao Único e verdadeiro Deus.

3. Adoração é sobre entrega total. Portanto, submeta seus dons, habilidades, recursos e tudo o que você tem de melhor a Ele.

4. Não devemos resistir às renúncias, e lembre-se de que expressamos nossa devoção, principalmente, através de nossas atitudes.

5. Por fim, sabemos que não é apenas com canções que podemos engrandecer o Senhor, mas, querido, Ele tem prazer em ouvi-lo! Então, não deixe de exaltá-lO com louvores.

Chamado

DEVOCIONAL *21*

COMO DESCOBRIR o *meu* CHAMADO?

> *Portanto, não se envergonhe do testemunho de nosso Senhor, nem do seu prisioneiro, que sou eu. Pelo contrário, participe comigo dos sofrimentos a favor do evangelho, segundo o poder de Deus, que nos salvou e nos chamou com santa vocação, não segundo as nossas obras, mas conforme a sua própria determinação e graça que nos foi dada em Cristo Jesus, antes dos tempos eternos.*
>
> **(2 TIMÓTEO 1.8-9)**

A partir do momento em que temos um encontro com Cristo, nossa vida começa a ser radicalmente transformada. Experimentamos o Novo Nascimento e, assim, tudo em nós é mudado: pensamentos, maneira de agir, posicionamento no mundo, entre outras coisas. Passamos a fazer parte da família de Deus, compreendendo o privilégio de adorá-lO, fazer o Seu nome conhecido através das nossas vidas e anunciar o Evangelho a toda criatura, por todo o mundo (cf. Mateus 28.19-20). A Grande Comissão é um "chamado geral", comum a todos os cristãos. Mas precisamos saber que existem formas singulares de cumpri-lo, que foram determinadas pelo Senhor para cada um de nós. Esse é o "chamado específico"; em outras palavras, refere-se à maneira e os locais onde colocaremos em prática a convocação feita por nosso Jesus.

Como filhos de Deus, herdamos características próprias e preciosas do Pai. Todos os detalhes foram pensados — nossas personalidades, dons, traços físicos, habilidades, entre outros. Por meio desses atributos, Ele deseja que comuniquemos ao mundo a mensagem do Evangelho, expandindo Seu Reino e manifestando a Sua glória por onde formos. Em Romanos 12.6-8 está escrito:

> **Temos, porém, diferentes dons segundo a graça que nos foi dada: se é profecia, seja segundo a proporção da fé; se é ministério, dediquemo-nos ao ministério; o que ensina dedique-se ao ensino; o que exorta faça-o com dedicação; o que contribui, com generosidade; o que preside, com zelo; quem exerce misericórdia, com alegria.**

Somos chamados para anunciar e expandir o Reino dos Céus de diferentes maneiras, pois o Senhor desenvolveu cada parte de nosso ser; Ele também nos enxerga como ferramentas essenciais para desempenharmos aquilo que planejou quando nos formou (cf. Jeremias 1.5).

Sendo assim, é importante que estejamos sempre em comunhão com o Pai, pois se não ouvirmos Sua voz, não seremos capazes de desempenhar nosso chamado geral, nem alcançar a revelação do chamado individual. Manter nossos corações conectados ao Criador, todos os dias, é o caminho para reconhecer e responder "sim" a tudo o que Ele nos convida a fazer.

Descobri o meu chamado específico depois de muita oração e de palavras que chegaram até mim por meio da Bíblia e de pessoas de confiança que foram usadas por Deus. Lembro-me de que, aos sete anos, já me expressava através da música e cantava o tempo todo. Não demorou até que minha família e eu começássemos a entender os sinais dos Céus e percebêssemos que cantar não era apenas uma coisa que eu gostava de fazer, mas um chamado do Senhor para mim. Desde então, soube que a vocação e o dom para cantar vinham d'Ele.

O Espírito Santo não só tornou conhecida a vontade do Pai para a minha vida, mas também me trouxe a convicção e a capacitação necessária para que eu a cumprisse. Creio que Ele revelará Seus sinais a você e, assim como foi comigo, no tempo certo, gerará em seu íntimo a certeza do que deve ser feito. É o Senhor quem nos levanta, direciona, habilita, dá sabedoria, criatividade e tudo o que precisamos. Todo dom perfeito e toda boa dádiva vêm d'Ele (cf. Tiago 1.17). Acredite também e guarde isso em seu coração.

> *Ele deseja que comuniquemos ao mundo a mensagem do Evangelho.*

Talvez você ainda esteja em busca daquilo que Deus planejou especialmente para a sua vida; mas, meu irmão, não desanime e lembre-se de que a Sua ordem é: "Que pregue a palavra, esteja preparado a tempo e fora de tempo, repreenda, corrija, exorte com toda a paciência e doutrina" (2 Timóteo 4.2 – NVI). Temos, sim, um chamado específico, mas ele não anula o geral; pelo contrário! Nosso propósito individual está intimamente ligado à Grande Comissão.

Querido leitor, saiba que existe um plano lindo e único de Deus para você, pois Ele não formou nenhum de nós à toa. O Senhor é sublime e extraordinário em todas as Suas obras, e planejou todos os nossos dias (cf. Salmos 139.16). Então, siga fiel e persistente, não somente em busca da revelação específica para a sua vida, mas também cumprindo o dever de todos aqueles que creem — pregar o Evangelho. Busque, sobre todas as coisas, o próprio Deus, e atente-se a ouvi-lO, para que o nome d'Ele seja glorificado através de você!

1. Em uma folha de papel, liste as habilidades e características que você tem, tudo que sabe e consegue exercer com excelência.

2. Ore ao Senhor, perguntando se são esses atributos listados que Ele deseja usar para cumprir o plano divino em sua vida, ou se existe algo que você ainda não está percebendo.

3. Por último, comprometa-se em cumprir o chamado geral com excelência, enquanto busca pela revelação do chamado específico.

TODO DOM *perfeito* E TODA BOA DÁDIVA vêm d'Ele.

DEVOCIONAL 22
GRANDE COMISSÃO: *um* CHAMADO *para* TODOS

> *E disse-lhes: — Vão por todo o mundo e preguem o evangelho a toda criatura. Quem crer e for batizado será salvo; quem, porém, não crer será condenado. Estes sinais acompanharão aqueles que creem: em meu nome, expulsarão demônios; falarão novas línguas; pegarão em serpentes; e, se beberem alguma coisa mortífera, não lhes fará mal; se impuserem as mãos sobre enfermos, eles ficarão curados.*
>
> **(MARCOS 16.15-18)**

Como mencionei no devocional anterior, existe uma expectativa divina para que cumpramos nosso chamado específico. No entanto, como discípulos, não podemos ficar parados até termos total clareza sobre nossa vocação para, só então, começarmos a contribuir com a expansão do Reino de Deus. Afinal, o Mestre deixou uma última missão, antes de ascender aos Céus, que cabe a cada um de nós: pregar as Boas Novas a toda criatura.

Essa ordenança é um dos pilares do Evangelho. Por meio dela, eu e você, querido, fomos encarregados de cumprir um objetivo comum, e existe apenas um pré-requisito essencial para realizá-lo: estar em Cristo, como a Palavra esclarece no texto de Marcos 16.15-18. Assim, somos empoderados pelo Espírito Santo para operar sinais e maravilhas, orar pelos enfermos e declarar liberdade aos cativos.

> *Não podemos ficar parados até termos total clareza sobre nossa vocação.*

Na realidade, os atos de Jesus são um belo exemplo de como exercer essa missão. Os evangelhos nos mostram que Ele anunciou o Reino por onde andou (cf. Marcos 1.14-15), curou doentes (cf. João 9.1-7), expulsou demônios (cf. Marcos 5.1-13) e demonstrou o amor de Deus a todos à Sua volta (cf. João 3.16).

É por crer nas obras do Mestre que Paulo, na carta destinada aos efésios, afirma: "Portanto, sejam imitadores de Deus, como filhos amados. E vivam em amor, como também Cristo nos amou e se entregou por nós, como oferta e sacrifício de aroma agradável a Deus" (Efésios 5.1-2). Amados, é assim que devemos agir. Quero ser imitadora do Senhor! Desejo viver exatamente como Jesus viveu, seguindo Seus passos e tendo um coração como o Seu, que é dedicado a obedecer ao Pai e se compadecer pelos perdidos e necessitados.

> *Desejo viver exatamente como Jesus viveu.*

Portanto, você que já recebeu o Novo Nascimento, é cheio do Espírito Santo e deseja ser como Cristo, não perca tempo! É hora de agir, contribuindo com a expansão do Reino dos Céus. Entenda que a Grande Comissão é um dever e não fique parado! Os campos aguardam os ceifeiros (cf. João 4.35); faça sua parte, mesmo que ainda não tenha clareza de seu chamado específico. Pregue o Evangelho em todo tempo, anuncie as obras de Cristo incansavelmente e seja imitador d'Ele onde estiver.

1. Seja ousado e peça que o Senhor coloque em seu coração compaixão pelos perdidos. Isso o motivará a cumprir a Grande Comissão.

2. Reflita: qual foi a última vez em que você anunciou as Boas Novas a alguém que não havia entregado a vida para Jesus?

3. Lembre-se de uma pessoa que ainda não teve um encontro com o Senhor, e, com amor e gentileza, fale sobre a vida, morte e ressurreição de Cristo. Então, peça que o Espírito Santo a convença ao arrependimento para que haja salvação.

É HORA DE *agir*, CONTRIBUINDO COM **a expansão** DO REINO DOS *Céus*.

DEVOCIONAL 23

O CHAMADO ESPECÍFICO *de* DEUS *para* MIM

> *Por isso, irmãos, procurem, com empenho cada vez maior, confirmar a vocação e a eleição de vocês; porque, fazendo assim, vocês jamais tropeçarão.*
>
> (2 PEDRO 1.10)

Saber que somos convocados a realizar algo tão grandioso como cumprir a Grande Comissão nos proporciona um senso de propósito, e responde à famosa pergunta: "Por que estou nesta Terra?". Isso já é maravilhoso, mas é importante ressaltar que, além de continuarmos a obra iniciada por Cristo, há algo mais específico que o Pai confiou a cada um de nós quando depositou dons e talentos únicos em nossas vidas.

Sim, todos carregamos algo peculiar, e fomos incumbidos de trazer isso ao mundo. Esse seria o nosso chamado específico, que é a forma como nos encaixamos e contribuímos para a propagação do Evangelho do Reino. O apóstolo Paulo, por exemplo, cumpriu o seu propósito levantando igrejas nas diversas regiões por onde passou, e continuou ajudando na edificação daquelas comunidades por meio de suas famosas cartas.

Romanos 12.5-8 afirma que somos parte do Corpo de Cristo e, dentro dele, temos funções singulares. Enquanto uns pregam, outros cantam, dançam ou escrevem; uns são evangelistas, outros pastores e diáconos; alguns atuam nos bastidores, trabalhando nas portarias das igrejas, nas escolas bíblicas infantis ou na área de mídias. E não podemos nos esquecer de que, fora desse ambiente, há os que servem em seus trabalhos e lares, cada um com as habilidades concedidas pelo Senhor.

Nesse sentido, querido, se você está no processo de entender profunda e completamente a maneira como Ele deseja usá-lo, prossiga nessa busca, assim você se revelará um servo bom e fiel (cf. Mateus 25.23). Independentemente do nível de clareza que tem agora, não fique parado, achando-se incapaz de exercer algo tão grandioso. Antes, "reconheça o Senhor em todos os seus caminhos, e ele endireitará as suas veredas" (Provérbios 3.6).

Todos carregamos algo peculiar, e fomos incumbidos de trazer isso ao mundo.

Faça sua parte e o Pai o ajudará, com capacitação, direção e, principalmente, com o derramamento de Sua glória. Somos honrados à medida que ouvimos Sua voz e a obedecemos com passos de fé. Deus não somente nos impulsiona, mas também nos permite frutificar com uma graça única, mesmo nos lugares mais inusitados. Eu mesma sou testemunha de Suas maravilhas! Existem lindas histórias de pessoas que foram libertas e resgatadas do pecado enquanto eu louvava, por exemplo.

Há pouco tempo, ministrei adoração em uma igreja e lá fui muito impactada. Naquele lugar, cinco pessoas diferentes saíram da depressão e conheceram a Jesus depois que escutaram uma das canções. Hoje, elas estão felizes, converteram-se e agora desfrutam da comunhão com os irmãos na fé. Saí dali muito grata a Deus, com uma convicção ainda mais vívida de que estou cumprindo o meu chamado na Terra, e que o meu anseio por glorificá-lO está sendo alcançado. Tudo é para a honra e glória do Seu Santo nome!

Por fim, não sei como o Senhor o chamou para realizar a obra, mas tenho certeza de que Ele sempre está disponível para revelar mais de Sua vontade e, assim, usá-lo de forma certeira para ministrar cura, salvação e libertação. Relacione-se com o Pai e atente-se à Sua voz; coloque em prática os dons que já possui e confie que Ele o direcionará e capacitará cada vez mais, para que o Seu nome seja anunciado e engrandecido.

> *Somos honrados à medida que ouvimos Sua voz e a obedecemos com passos de fé.*

1. Comprometa-se a cumprir o seu chamado específico com coragem.

2. O que você pode exercer com as habilidades que o Senhor lhe deu? O que está fazendo com o que tem em mãos?

3. Não esconda sua vocação, nem tenha medo de colocá-la em prática. Busque formas de servir às pessoas e glorificar o nome de Deus, ofereça o seu melhor em tudo o que fizer (cf. Eclesiastes 9.10).

ELE **SEMPRE** ESTÁ *disponível* PARA **REVELAR** MAIS de Sua vontade.

DEVOCIONAL *24*

FRUTIFICANDO

> *Não foram vocês que me escolheram; pelo contrário, eu os escolhi e os designei para que vão e deem fruto, e o fruto de vocês permaneça, a fim de que tudo o que pedirem ao Pai em meu nome, ele lhes conceda.*
>
> (JOÃO 15.16)

Certa vez, no caminho para Jerusalém, Jesus teve fome. Ele avistou uma figueira com muitas folhas e foi até ela. Aquela árvore anunciava frutos, mas não tinha um sequer. Então, depois de procurá-los e não encontrar, Cristo ordenou que ela secasse (cf. Marcos 11.12-21). Com essa história, a Bíblia nos ensina algo tremendo e importante: O Senhor não Se contenta com aparências. Não são as "folhas" que O agradam. Na verdade, o que Ele espera de nós é uma vida de devoção e entrega sincera, que dê frutos que permaneçam (cf. João 15.1-16).

Isso diz respeito não só às dádivas espirituais (cf. Gálatas 5.22-23), mas também ao serviço a Deus, e a responder ao Seu chamado de maneira intencional e excelente. Assim, uma vez que temos entendimento do plano que foi traçado para nós, precisamos nos alinhar a ele e avançar para cumpri-lo com todo nosso empenho. Durante essa jornada, é essencial focarmos sempre em Cristo, permitindo que o Espírito Santo nos molde. Assim, nós nos tornamos cada vez mais cheios das Suas virtudes e capacitados para impactar outras pessoas, refletindo o Seu caráter em todo lugar.

> *Ele espera de nós uma vida de devoção e entrega sincera.*

É por essa razão que entendo que frutificar é resultado de uma mudança de vida, de quando decidimos morrer para nós mesmos e viver somente os planos do Senhor (cf. Gálatas 2.19-20). Para tanto, querido leitor, precisamos nos atentar e vigiar o tempo todo, pois, enquanto crescemos na posição em que Deus nos plantou, o Inimigo se levanta para impedir nosso desenvolvimento. Astuto e enganador, ele faz de tudo para se disfarçar (cf. 2 Coríntios 11.14) e nos convencer de que não somos bons o suficiente para exercer qualquer que seja o nosso chamado; até nos seduz para vivermos de aparências, paralisando nosso verdadeiro avanço.

Por outro lado, quando estamos ligados a Deus e à Sua Palavra, somos capazes de resistir a qualquer tentativa maligna contra as nossas vidas; damos frutos, tornamo-nos inabaláveis e prosperamos (cf. Salmos 1.1-3). Portanto, lembre-se de que não fomos nós que O escolhemos, mas Ele quem nos escolheu (cf. 1 João 4.19). Cristo é a Fonte, e sem Ele não podemos fazer nada (cf. João 15.5).

> *Frutificar é resultado de uma mudança de vida.*

Muitas vezes, o que precisamos perceber é que não fomos chamados para simplesmente nos comprometer com os afazeres — que são de grande importância. Acima dessa responsabilidade, é essencial mantermos um relacionamento vivo com o nosso Senhor. Então, guarde isto em seu coração: o segredo para uma vida transbordante e fértil, com leveza e alegria no Espírito, não é fazer mais por Jesus, mas estar cada vez mais próximo a Ele e permanecer nesse lugar.

Sei que é comum desejar resultados rápidos, mas não se esqueça de que nenhuma árvore dá frutos imediatamente. É preciso perseverar para vê-los crescer. Então, fique firme, ligado a Cristo e vivendo de acordo com Seus mandamentos, para que tudo o que Deus tem para você aconteça conforme a Sua vontade, e para que a sua vida seja abundante.

1. Uma árvore deve ser podada para se renovar e frutificar. Esse processo precisa ocorrer conosco também em determinadas ocasiões. Quem sabe agora seja o momento de "remover" alguns ramos para melhorar seu crescimento?

2. Peça ao Espírito Santo que derrame sobre você mais discernimento e capacidade para perceber quando o Inimigo está inflamando a sua mente com mentiras, tentando paralisar a obra que o Senhor começou em sua vida.

3. Por fim, lembre-se de que o mais importante é viver em Cristo, e que seus frutos são o reflexo da intimidade com Ele. Dedique-se à oração, conhecimento da Palavra e passe tempo em Sua presença diariamente.

O SEGREDO PARA UMA VIDA **transbordante** E FÉRTIL É ESTAR **CADA VEZ MAIS** *próximo a Ele.*

DEVOCIONAL 25

SERVINDO com EXCELÊNCIA

> *Tudo o que fizerem, façam de todo o coração, como para o Senhor e não para as pessoas, sabendo que receberão do Senhor a recompensa da herança. É a Cristo, o Senhor, que vocês estão servindo.*
>
> (COLOSSENSES 3.23-24)

Eu amo a casa do Senhor! É maravilhoso poder contar com esse lugar de comunhão, onde buscamos a face de Deus e nos unimos como Corpo e Noiva de Cristo. Ali, Ele nos capacita e impulsiona a frutificar. Muitas vezes, a igreja local funciona como ponto de partida para exercermos os dons que o Senhor colocou nas nossas mãos, expressando quem fomos criados para ser. Nela, é comum termos a chance de descobrir e praticar talentos artísticos ou diversos outros. Quantos músicos, por exemplo, até aqueles que abandonaram a fé em Jesus, não começaram a desenvolver seus dons dentro da casa de Deus?

Entendemos que, obviamente, somos o templo do Espírito Santo (cf. 1 Coríntios 6.19) onde quer que nos encontremos. No entanto, é fundamental vivermos em comunhão, sendo parte de uma igreja local, para aprendermos sobre o Senhor e estarmos debaixo de líderes que Ele escolheu. Nesse ambiente, sensíveis ao Seu Espírito, devemos ser submissos, prontos para receber direcionamento e servir, oferecendo generosamente nosso tempo e talentos. Vale lembrar que nada do que fazemos ali é sobre nós mesmos. Isso significa que não procuramos alimentar nosso ego, buscando aprovação ou aplausos. Usamos os dons que Deus nos deu para o Seu louvor, para honra e glória do Seu nome, sem esperar recompensa terrena. Tudo deve ser feito para abençoar e edificar a comunidade em que estamos inseridos.

> *Tudo deve ser feito para abençoar e edificar a comunidade em que estamos inseridos.*

Sendo assim, amado, jamais se engane: seu cargo ministerial não é a coisa mais importante no serviço ao nosso Deus, e sim o seu coração ao servir. Se tiver de limpar o banheiro, receber as pessoas no dia de culto, arrumar cadeiras, pastorear ou servir no ministério de louvor e adoração, faça com o mesmo nível de excelência e amor.

Como a Palavra revela, quem quiser tornar-se grande, deverá servir o próximo, tendo Cristo como o maior exemplo de sua vida (cf. Mateus 20.26-18). Desse modo, independentemente do que fizermos, temos de manter nosso coração humilde, honrando as pessoas e nossos líderes (cf. Hebreus 13.17). Que privilégio é podermos nos colocar à disposição para contribuir e aprender em comunidade, debaixo de uma autoridade local e alinhados à visão da casa a que pertencemos.

> *Seu cargo ministerial não é a coisa mais importante no serviço ao nosso Deus.*

É tremendo servirmos, também, de forma excelente e amorosa, fora das quatro paredes da igreja. Seja ao conversar com o porteiro por cinco minutos ou ao compartilhar a Palavra com vizinhos, colegas e familiares em momentos do dia a dia. Às vezes, dispondo-se a ajudar o próximo, mesmo com algo simples, você pode ser instrumento de Deus a fim de impactar profundamente a vida daquela pessoa.

Por isso, meu convite hoje é para que você, querido leitor, dedique seus dons e talentos ao Senhor, bem como seu tempo e disposição, com excelência. Consequentemente, você ensinará o mesmo aos que estão à sua volta; obedeça a Deus em primeiro lugar e, então, aos líderes e autoridades que Ele estabeleceu. Sirva, aprenda e exerça seu propósito de todo coração, honrando assim o nosso Senhor.

1. Você tem sido excelente nos ministérios em que serve? Reflita se Cristo é o seu maior exemplo nesse quesito.

2. Suas motivações estão alinhadas aos propósitos de Deus para sua vida? Se sim, aprimore isso; caso contrário, ore para voltar seu coração às coisas certas.

3. Pense em, ao menos, cinco princípios que você tem aprendido em sua igreja local e reflita sobre como você os tem vivido e compartilhado fora da igreja (anote).

DEDIQUE SEUS *dons e talentos* AO **SENHOR**, BEM COMO SEU *tempo e disposição.*

DEVOCIONAL 26

CUMPRIMOS *nosso* PROPÓSITO SOMENTE DENTRO *da* IGREJA?

— Vocês são o sal da terra; ora, se o sal vier a ser insípido, como lhe restaurar o sabor? Para nada mais presta senão para, lançado fora, ser pisado pelos homens. — Vocês são a luz do mundo [...].

(MATEUS 5.13-14)

Gosto bastante de cozinhar. Não sei preparar muitas coisas, mas, quando me dedico a fazer isso, costumo usar um tempero em cuja embalagem está escrito: "não salga, apenas realça o sabor". É interessante pensar a respeito disso, porque, se o gosto estiver ruim, esse tempero não resolverá o problema. Porém, ao contrário dele, o sal é algo que transforma o alimento: o que antes não era agradável ao paladar pode se tornar bom. Da mesma maneira, quando Jesus diz que somos sal da Terra, Ele não está nos chamando para melhorar o que já existe, mas apresentar algo novo, que transcende este mundo. Devemos trazer a ele o Reino Celestial.

Nesse sentido, o Corpo de Cristo seria como um saleiro, e toda a Terra as refeições que devemos salgar. A verdade é que não cumprimos nosso propósito somente dentro da igreja; nela, somos equipados e enviados para levar transformação a todas as áreas da sociedade — nas ruas, parlamentos, escolas, universidades, empresas e em cada casa. Deus nos chamou para fazermos a diferença, principalmente nos locais em que Ele ainda não foi convidado a entrar.

Não cumprimos nosso propósito somente dentro da igreja.

Lembro-me de quando comecei a viver conforme essa instrução do nosso Senhor. Na minha infância, um dos lugares onde eu mais amava cantar era na escola, para os meus amiguinhos. Quando cresci, durante minha adolescência, acontecia o mesmo. Foi assim que meus colegas passaram a se aproximar para pedir que eu cantasse, fizesse uma oração por eles ou os ajudasse com um conselho. Isso ocorreu ao longo de toda minha vida de estudante, justamente nos colégios, onde muitos se encontravam perdidos. Na prática, aprendi que o Senhor nos chamou para verdadeiramente fazermos a diferença onde estivermos, com as pessoas que nos cercam.

Nunca se esqueça de que, pelo poder de Deus, você pode impactar os lugares em que pisa, trazendo paz, justiça e alegria no Espírito (cf. Romanos 14.17). Querido, que você seja sempre íntegro, e viva segundo os princípios do Senhor; afinal, como está escrito, há uma ardente expectativa pela manifestação dos filhos de Deus (cf. Romanos 8.19). Isto é, por aqueles que vivem como filhos da luz:

O Senhor nos chamou para verdadeiramente fazermos a diferença onde estivermos.

> Porque no passado vocês eram trevas, mas agora são luz no Senhor. Vivam como filhos da luz — porque

o fruto da luz consiste em toda bondade, justiça e verdade —, tratando de descobrir o que é agradável ao Senhor. E não sejam cúmplices nas obras infrutíferas das trevas; pelo contrário, tratem de reprová-las. (Efésios 5.8-11)

Amado irmão, viva na luz! Você é filho do Pai das luzes (cf. Tiago 1.17), feito para brilhar, salgar, transformar, e não simplesmente realçar o "sabor" que já existe no mundo. Você pode viver o propósito de Deus todos os dias, não apenas aos finais de semana em sua igreja local. Busque fazer a diferença, permita que o Senhor direcione seus passos e não tenha medo de falar sobre o amor de Cristo, mas expresse a alegria de pertencer a Ele. De fato, não estamos nesta Terra para nos conformarmos com o mal que está sobre ela, mas para trazer a vontade do Pai, como um canal de bênçãos, dedicando toda honra e glória a Ele.

1. Como você tem agido fora das quatro paredes da igreja? Você se amolda aos padrões do mundo (cf. Romanos 12.2), ou vive como um filho de Deus?

2. Você costuma verdadeiramente servir pessoas e viver conforme o mandamento de Cristo em seus ciclos sociais?

3. Não tenha medo de falar sobre o amor de Jesus para aqueles que estão em lugares insossos e escuros. Seja o sal e a luz desses ambientes!

VOCÊ PODE VIVER O *propósito* DE DEUS TODOS *os dias!*

DEVOCIONAL 27

ENSINANDO os PRINCÍPIOS do REINO

Portanto, vão e façam discípulos de todas as nações, batizando-os em nome do Pai, do Filho e do Espírito Santo, ensinando-os a guardar todas as coisas que tenho ordenado a vocês. E eis que estou com vocês todos os dias até o fim dos tempos.

(MATEUS 28.19-20)

Como Cristo ordena, cada um de nós deve anunciar as Boas Novas e assumir a responsabilidade de discipular pessoas, entendendo que instruir alguém a viver de acordo com os fundamentos do Senhor é um privilégio. Por mais que não seja muito fácil, Ele garante que sempre estará conosco, capacitando-nos e ajudando. Onde quer que estejamos inseridos, teremos a companhia do Espírito Santo, e é Ele quem nos conduz a agir conforme a Palavra.

Tenha em mente que, apesar de muitos imaginarem que apenas pastores ou líderes eclesiásticos são convocados a essa tarefa, ela foi atribuída a todo cristão. Os doze que andavam com Jesus eram pessoas comuns, falhas e pecadoras, como nós. Mesmo assim, o Senhor os convidou a segui-lO e, depois disso, os comissionou a fazerem discípulos de todas as nações. Hoje, Ele nos delega a mesma missão.

A essa altura, acredito que você já tenha compreendido que nosso chamado, mesmo o específico, está atrelado à Grande Comissão. O que varia é a maneira e os lugares em que a cumpriremos. Se você atua como professor em um colégio, por exemplo, deve trazer a perspectiva celestial sobre educação para esse lugar. Se trabalha em cargos públicos, no meio artístico, em casa ou em qualquer outra área, você pode e deve discipular nações ali. Ou seja, além de fazer tudo de forma excelente, dedique-se a ensinar e aplicar os princípios do Reino, descritos na Palavra, que se relacionam a tal ambiente.

> *Instruir alguém a viver de acordo com os fundamentos do Senhor é um privilégio.*

Essa é uma tarefa muito mais fácil do que parece. Pense comigo, querido, ainda considerando o exemplo do professor, imagine que ele está diariamente numa sala de aula com cerca de trinta alunos. Cada um deles representa uma casa, uma família que está sedenta por Jesus. Se esse profissional refletisse o amor do Pai em seu ambiente de trabalho e conseguisse fazer com que os estudantes enxergassem o Deus amoroso, cheio de sabedoria e excelência, como a Palavra expressa, eles carregariam essa verdade para seus lares, impactando a vida de seus pais, irmãos, avós e assim por diante.

> *Onde quer que estejamos inseridos, teremos a companhia do Espírito Santo.*

Em vez de alcançar simplesmente seus alunos, tocaria muitas outras vidas. A escola e as famílias seriam restauradas, e cada pai e mãe levaria esse impacto aos seus ambientes de convívio e trabalho. Isso é tremendo! Por outro lado, se aquele professor não tivesse esse entendimento e, com isso, não expressasse a mente e o coração de Deus, talvez os estudantes tardassem ou jamais tivessem a oportunidade de serem apresentados aos princípios celestiais.

Portanto, querido leitor, entenda que todos nós exercemos um papel extremamente importante no lugar em que fomos chamados para atuar diariamente, propagando as características do nosso Criador. Isso quer dizer que o comissionamento deixado por Jesus tem de ser correspondido vinte e quatro horas por dia, sete dias por semana. O discipulado das nações deve acontecer onde quer que estejamos, pois somos agentes celestiais de transformação para a nossa nação.

1. Quais características do Reino dos Céus você entende, a partir da leitura bíblica, que o Senhor deseja manifestar em sua área de atuação?

2. Para alinhar seu local de trabalho ou convívio aos princípios celestiais, quais mudanças precisam ser feitas?

3. Não espere que outras pessoas ou organizações se levantem para começar aquilo que Deus o chamou para fazer. Dê um passo, hoje mesmo, para iniciar a transformação do local em que você se encontra.

O DISCIPULADO DAS *nações* *DEVE* ACONTECER ONDE QUER QUE estejamos.

DEVOCIONAL 28

O PODER *da* COMUNHÃO

O ferro se afia com ferro, e uma pessoa, pela presença do seu próximo.

(PROVÉRBIOS 27.17)

Entre as várias escolhas que poderíamos fazer em nossa jornada, existe uma que não deve sequer ser cogitada, querido: andarmos sozinhos. Há um poder enorme de mudança e amadurecimento quando estamos em comunhão com outros irmãos. Aliás, gosto de encarar a vida de todo crente como o processo em que saímos de pedras brutas e sem valor para nos tornarmos belos diamantes, lapidados pelo próprio Deus. Como o sábio Salomão nos aconselhou, a presença de pessoas ao nosso lado não apenas traz um senso de pertencimento dentro de uma família espiritual, mas também nos afia como o ferro.

Na verdade, é impossível pensar no cumprimento de nossos chamados ou na edificação da Igreja sem comunhão e conexões divinas.

Como um Corpo, dependemos uns dos outros, e não existe qualquer tipo de avanço para o Reino se não partimos desse princípio fundamental. Então, antes de mais nada, compreenda que agora você não está mais andando sozinho por aí. Jesus fez de nós partes de um organismo vivo, que necessita permanecer em unidade todos os dias.

Pensando nisso, o livro de Eclesiastes nos diz que é sempre melhor que sejam dois do que um (cf. Eclesiastes 4.9-12). Ou seja, toda tarefa, não importa o lugar, é muito mais fácil quando realizada em cooperação. São justamente as diferentes perspectivas, vivências e experiências com Deus que nos permitem ter uma visão mais ampla daquilo que fazemos. Quando entendemos nossa participação nisso tudo, ajudando irmãos mais novos na fé e nos submetendo aos líderes, tornamos o processo bem mais fácil.

Por outro lado, ignorar essa necessidade e decidir se afastar da comunhão é um caminho destrutivo. Até podemos sobreviver por algum tempo desacompanhados, dando atenção apenas aos nossos próprios objetivos, mas logo tudo perderá o sentido. Imagine se o galho de uma árvore decidisse se soltar do tronco e tentar crescer fora dele. Será que isso seria possível? Claro que não! E o pior: não demoraria muito para que ele morresse sozinho, sem a proteção das folhas e os nutrientes que vêm pelas raízes. Da mesma forma, se nos distanciarmos dos amigos da fé, que estão firmados no propósito de Deus e que pertencem à família de Cristo, não daremos frutos a longo prazo.

Enquanto cultivamos essa comunhão com nossos irmãos, precisamos nos lembrar, querido leitor, de que nenhum tipo de relacionamento é construído do dia para a noite, e na Igreja não é diferente. Temos de ser dedicados, vulneráveis e dispostos a suportar pessoas

Você não está mais andando sozinho por aí.

com gostos e estilos diversos, que possuem falhas, assim como nós, mas que cooperam para um objetivo comum (cf. Salmos 133.1; Colossenses 3.13). E é por esse motivo que aprendemos a transformar nossa postura nesses ambientes, agindo em amor e compaixão, sem tentar afastar ninguém ou apresentar uma falsa imagem de quem somos. Nesse sentido, estender graça e perdão a todos é uma das maneiras mais eficazes de conviver e cooperar, tornando-nos mais parecidos com Jesus.

> *Toda tarefa, não importa o lugar, é muito mais fácil quando realizada em cooperação.*

Diante disso tudo, não se esqueça de que nem todas as pessoas estarão sempre conosco, já que elas também seguirão conforme os propósitos do Senhor. Assim, não coloque suas expectativas e dependências sobre elas, mas em Cristo; pois até as amizades mais incríveis e edificantes não devem ser maiores do que nossa intimidade com o Pai. Somente Deus é imutável, e até aqueles que Ele coloca ao nosso lado são expressões do Seu cuidado, apontando para novos horizontes, inspirando-nos a sonhar os Seus sonhos e a deixar um legado que impacte outras gerações para Sua honra e glória.

1. Traga as pessoas para perto. Pense em formas de estreitar mais o relacionamento com seus irmãos em Cristo, sejam eles novos na fé ou mais maduros.

2. Assim como Jesus, dê o exemplo. Tenha muito temor quando estiver acompanhando uma vida e lembre-se de que o seu comportamento precisa apontar para Cristo.

3. Sirva a todos de acordo com as necessidades da sua comunidade, e deixe que o Espírito Santo flua através de você, gerando comunhão.

SOMENTE Deus É IMUTÁVEL.

DEVOCIONAL 29

UMA VIDA ALINHADA *aos* SONHOS *de* DEUS

José teve um sonho e o contou aos seus irmãos; por isso, o odiaram ainda mais. Ele lhes disse: — Peço que ouçam o sonho que tive. Sonhei que estávamos amarrando feixes no campo, e eis que o meu feixe se levantou e ficou em pé, enquanto os feixes de vocês o rodeavam e se inclinavam diante do meu.

(GÊNESIS 37.5-7)

Sei que pode ser difícil manter um sonho vivo quando, ao seu redor, tudo parece tão desafiador. Além disso, sei também que nem sempre é fácil seguir crendo que os propósitos de Deus jamais se perdem pelo caminho, e que existe um tempo adequado para o cumprimento de cada um deles debaixo do céu (cf. Eclesiastes 3.1). Mas, hoje, quero encorajá-lo a perseguir aquilo que o Pai tem para você, e lembrá-lo de que, para que os desejos do Senhor sejam realizados em nós, devemos nos apoiar nas Escrituras, a fim de entender os processos que existem entre o sonhar e o realizar, sem parar no meio do caminho.

Ao longo da minha jornada, entendi que a espera pode ser um tempo prazeroso, como acontece na gestação de um bebê. Quando uma mãe está gerando uma criança, ainda não pode ver o seu rostinho, nem segurá-la nos braços, mas existe a grande expectativa da família. Ansiamos, de todo o nosso coração, pela hora do nascimento e sabemos que é preciso esperar. Durante esse período, temos a certeza de que um dia o bebê irá nascer. Assim deve ser com os nossos sonhos.

Nesse sentido, a história de José é um lindo exemplo para nós, principalmente por ser marcada por fidelidade e perseverança. A Bíblia relata que os sonhos que ele teve eram, na realidade, proféticos (cf. Gênesis 37.5-9). Apesar de não ter muita clareza do que aconteceria a partir daquele momento, ele confiou no Senhor e se dispôs a viver os Seus planos. No entanto, até o cumprimento de tudo o que o Pai havia revelado, enfrentou muitas adversidades. Além de ter sido vendido pelos próprios irmãos, e se tornado escravo em terra estrangeira (cf. Gênesis 37.28), José também foi acusado e preso injustamente no Egito (cf. Gênesis 40.3). Mas, independentemente de tudo isso, manteve-se fiel.

A espera pode ser um tempo prazeroso.

Embora a vida de José, aparentemente, seguisse sem qualquer padrão de justiça, as Escrituras relatam que Deus estava com ele (cf. Gênesis 39.21), e nada nem ninguém foi capaz de privá-lo da presença do Senhor durante todo o processo que viveu. Ele pôde depender do Pai, confiando em Sua justiça e fidelidade, e crendo que um dia todas as Suas promessas se concretizariam (cf. Gênesis 37.5-11). Do mesmo modo, talvez tenhamos de experimentar um processo longo e bastante diferente daquilo que imaginávamos a respeito da realização dos sonhos de Deus para nós. Porém, amado, o importante é permanecermos íntegros diante d'Ele e firmes na Rocha em todo o tempo, amadurecendo em cada estação dessa jornada.

Sempre me emociono ao pensar em minha história, pois me lembro de várias dificuldades que enfrentei para chegar até aqui. Aos oito anos de idade, sonhei algo muito marcante durante a noite e, ao acordar, estava convicta de que era o Senhor falando comigo, revelando Seus desígnios sobre minha vida. No sonho, eu estava na porta da minha casa e, ao olhar para o alto, via o globo terrestre vindo em minha direção, com notas musicais dançando em seu entorno. Fiquei muito feliz com o sonho que Deus havia me dado, e logo passei a tomar atitudes de fé, cooperando com o Pai em sua realização. Mas, desde que comecei a cantar até uma gravadora abrir as portas para mim, precisei esperar cerca de quatro anos.

> O importante é permanecermos íntegros diante d'Ele.

Outro período muito marcante em minha vida foi quando dei um passo importante para ministrar nas nações, especialmente nos Estados Unidos. Ao longo de dez anos de tentativas para obter o visto, quatro dos meus foram negados, e seis do Bruno, meu marido. Lembro-me de que, por mais que eu cresse nas promessas do Pai, quase cheguei a desistir. Apesar dos muitos "nãos" que recebi, continuei perseverando em oração e fazendo a minha parte. Um dia, no momento certo, Ele novamente abriu as portas e conseguimos a aprovação dos vistos.

Muitos duvidaram das palavras do Senhor sobre o meu chamado. Ainda assim, sabendo que tudo aquilo fazia parte da obra do Inimigo, que investia furiosamente contra o que Deus queria fazer em mim e através de mim, não cedi à dúvida e insegurança. Ele me fez superar todos os obstáculos. Assim, eu me mantive firme na caminhada, agarrada à Sua Palavra e confiando n'Ele. Então, querido leitor, como está escrito: "[...] tenham por motivo de grande alegria o fato de passarem por várias provações, sabendo que a provação da fé que vocês têm produz perseverança. Ora, a perseverança deve ter ação completa, para que vocês sejam perfeitos e íntegros, sem que lhes falte nada" (Tiago 1.2-4).

1. Esteja sempre disponível para cumprir os planos do Senhor, tenha fé e confiança de que Ele estará com você à medida que O busca.

2. Ore a Deus por mais força e discernimento para enfrentar as adversidades ao longo da sua jornada.

3. Por último, documente todas as suas experiências durante esse processo. Relate cada um dos detalhes e use seu testemunho para encorajar muitas pessoas.

> "[...] A *PERSEVERANÇA* DEVE TER *ação* COMPLETA [...]"
> (Tiago 1.4)

DEVOCIONAL 30

VIVENDO os PROPÓSITOS de DEUS

Eu é que sei que pensamentos tenho a respeito de vocês, diz o Senhor. São pensamentos de paz e não de mal, para dar-lhes um futuro e uma esperança.

(JEREMIAS 29.11)

Quando andamos com Deus e O obedecemos, somos repletos de fé e ousadia para vivermos a realização dos maravilhosos sonhos que Ele tem para as nossas vidas. Porém, tenha em mente que nosso maior propósito é conhecê-lO e fazê-lO conhecido. Ele nos ama de forma verdadeira e intensa (cf. 1 João 4.10), e anseia por um relacionamento conosco, Seus filhos amados. Foi por isso que enviou Cristo para morrer em nosso lugar e nos reconciliar com Ele (cf. Efésios 2.13-18). Portanto, toda a nossa existência deve ser voltada a cultivar essa relação de amor e devoção ao nosso Senhor e Salvador, Jesus Cristo, nosso Pai Amado e o Espírito Santo, nosso Conselheiro e Consolador.

A partir disso, aquilo que fizermos não será para o nosso próprio reconhecimento, mas para glorificá-lO (cf. Mateus 5.16).

Seu imenso amor por nós é revelado de diversas formas, e creio que uma delas é o convite para sermos participantes do que Ele deseja realizar na Terra, abençoando nações e trazendo transformação e vida a tantas pessoas. Somos privilegiados por podermos fazer parte disso, assim como José. Tenho para mim que o Senhor não o levantou para engrandecê-lo, mas para que ele pudesse ser um canal de bênçãos a todos os aflitidos pela fome naquela época; Deus o colocou numa posição estratégica, como govenador do Egito, com o objetivo de trazer provisão de alimento (cf. Gênesis 41-43). Da mesma forma, nosso chamado também não é sobre nós mesmos, mas está relacionado a soluções dos Céus que traremos para a Terra em períodos difíceis.

Portanto, meu querido irmão, saiba que Ele está contigo e Se interessa em ajudá-lo a realizar as obras abençoadoras que reservou para um tempo como este (cf. Ester 4.14), e lhe proporcionará ainda as conexões divinas necessárias para isso. Eu mesma sempre tive sonhos, mas não tentei concretizá-los sozinha; busquei me aproximar de Deus, adorá-lO e colocar minhas necessidades diante d'Ele, contando com Sua provisão e romperes milagrosos. Para a Sua glória, agora eu vivo os sonhos que Ele confiou a mim.

Nosso maior propósito é conhecê-lO e fazê-lO conhecido.

Hoje, tenho uma carreira e um ministério consolidado, quatro indicações ao Grammy Latino e mais de oito trabalhos lançados; tudo para impactar vidas com uma mensagem de amor, esperança e fé, sempre repleta da Verdade, ou seja, da Palavra.

Nem sempre será fácil, amado, mas estou aqui para dizer que vale a pena sonhar com o Senhor, crer em Suas promessas e confiar n'Ele, mesmo nas circunstâncias mais difíceis, quando tudo ao nosso redor parece desabar. Ele é Emanuel, Deus conosco (cf. Mateus 1.23);

ajuda-nos, ampara e é fiel à Sua Palavra. Então, não desanime nem olhe para trás, pois o milagre está chegando. Mude a ótica sobre o tempo de espera, creia que tudo coopera para o nosso bem, pois O amamos e somos chamados segundo Seu propósito (cf. Romanos 8.28).

Prepare-se para viver aquilo que Ele já sonhou para sua vida e saiba que, quanto mais difícil, distante e impossível parecer, mais extraordinária será a realização dos planos divinos a seu respeito. Tenha isso firmado em seu coração e creia que tudo o que o Senhor sonhou para você, se verdadeiramente andar com Ele e crer, vai acontecer!

> *Para a Sua glória, agora eu vivo os sonhos que Ele confiou a mim.*

1. Meu desafio para você é: pare, neste momento, e traga à memória tudo o que Deus já falou a seu respeito e prometeu para a sua vida.

2. Agora, onde você estiver, fique de pé e declare em voz alta: "O Senhor está me chamando para viver os sonhos mais lindos e extraordinários de todos os tempos, e tudo isso vai acontecer!".

3. Num papel, escreva a data de hoje e pontue aquilo que você precisa melhorar em sua vida com o Pai, para que de fato desenvolva mais fé e confiança n'Ele.

SE VERDADEIRAMENTE ANDAR COM ELE E CRER, *vai acontecer!*

CONSELHOS *da* BRUNA

Chamado

Como vimos, a jornada até a realização dos planos de Deus para as nossas vidas nem sempre será fácil. Por isso, lembre-se de que:

1. Todos passamos por processos até entendermos, verdadeiramente, qual é a nossa vocação. Para isso, é fundamental nos mantermos conectados ao Senhor.

2. Atender ao chamado geral não nos impede de cumprirmos a vontade específica de Deus para nós, e vice-versa, pois ambos fazem parte do Seu plano perfeito.

3. Devemos impactar cada lugar por onde passamos. Afinal, não é somente dentro da igreja que seremos canais de bênçãos.

4. Lembre-se de que, independentemente de cargos ministeriais, todos temos um papel a ser exercido com dedicação, para servir em nossa comunidade local.

5. Por fim, eu o encorajo a nunca desistir de viver os propósitos do Pai. Porém, muito mais importante do que isso é conhecermos Aquele que sonhou conosco desde o ventre de nossa mãe.

ORAÇÃO *de* COMISSIONAMENTO

Pai, obrigada por revelar-Se a nós todos os dias por meio da Sua Palavra e pelo Seu Santo Espírito, que nos guia em toda a Verdade. Agradeço porque, durante esses trinta dias de devocional, aprendemos a adorá-lO em espírito e em verdade, e recebemos esse tempo precioso para aprofundar o relacionamento com o Senhor.

Neste momento, apresento a vida deste leitor, que rendeu todo seu coração diante da Sua presença. Agora, ainda que as lutas sejam grandes, ele sabe como cumprir o Seu propósito para a própria vida e como obedecer a Sua vontade, pois tem um novo entendimento sobre oração, adoração e chamado. Oro para que a semente, que é a Palavra, continue a ser regada, cuidada e que frutifique abundantemente em seu interior. Peço que, após esse período, ele possa buscá-lO de modo incansável, a fim de viver novas experiências sobrenaturais ao Seu lado.

Espírito Santo, ajude este querido irmão a se desenvolver em autoridade espiritual e estreitar o relacionamento com o Senhor, como um verdadeiro adorador, que dispõe de seus dons e talentos para o Reino. Creio que a partir de hoje ele poderá ser cheio da Sua unção e servirá com grande amor e excelência, para a expansão do Evangelho na Terra.

Obrigada, Pai, pela vida consagrada deste leitor. Declaro que os Seus sonhos serão despertados dentro dele, assim como Seu direcionamento para lidar com os desafios que virão. Que as Suas promessas se cumpram conforme o Seu querer, e que a fé deste amado irmão cresça e seja fortificada a cada dia. Assim, ele conhecerá, de fato, a Sua fidelidade, vivendo a Sua vontade, que é boa, perfeita e agradável.

Em nome de Jesus Cristo. Amém!

PERGUNTAS REFLEXIVAS

1. Em uma escala de zero a dez, como seu entendimento sobre oração cresceu durante esse período? De que modo isso tem impactado sua vida?

2. Qual é a sua compreensão sobre a diferença entre oração e intercessão? Descreva brevemente alguns pontos que as distinguem.

3. Por que o jejum é parte fundamental da vida cristã?

4. De que formas você pode adorar a Deus?

5. Qual tem sido seu nível de entrega ao Senhor na adoração coletiva e individual? Como você pode se render ainda mais a Ele nesses momentos?

6. O que é possível fazer, neste dia, para usar seus dons em adoração ao Pai?

7. Hoje, qual é sua visão a respeito do seu chamado? Quais mudanças serão necessárias para cumpri-lo?

8. Onde e como você pode desempenhar o seu propósito na Terra?

9. Seus sonhos estão alinhados à perfeita vontade do Pai? Reflita sobre os processos que você tem passado para viver conforme os desejos d'Ele.

10. Qual parte deste devocional mais falou ao seu coração e por quê?

REGISTRANDO *a* JORNADA

O testemunho do que já vivemos ou ouvimos gera esperança em nós, aumentando nossa fé e nos impulsionando ao cumprimento do propósito do Pai para as nossas vidas.

Por isso, separamos este espaço para você anotar aquilo que o Senhor falou ao seu interior durante esses trinta dias de devocional, como um memorial de tudo o que foi aprendido até aqui. Passe um tempo com Deus, busque a Sua presença e leia a Palavra; ela o ajudará a discernir a voz do Senhor, pois revela Sua mente e coração.

Então, registre abaixo o que Ele lhe disser e, sempre que precisar se lembrar das verdades do Pai ao seu respeito, volte a essas páginas para ser direcionado, edificado e fortalecido novamente.

_____
_____
_____
_____
_____
_____
_____
_____
_____
_____

Este livro foi produzido em Masquarelo 11 e impresso
pela Gráfica Promove sobre papel Avena 70g para a
Editora Quatro Ventos em maio de 2022.